성지 순례를 따라
성지에서 선포된 예수님의 일생

예수님 탄생부터 부활 승천까지
성지 순례에서 감동받은 20편의 설교

본서의 사진 자료는 저자가 직접 촬영한 것을 기본으로 하였다
다만 그렇지 않은 것은 그 출처를 밝혀두었다

성지 순례를 따라

성지에서 선포된
예수님의 일생

예수님 탄생부터 부활 승천까지
성지 순례에서 감동받은 20편의 설교

방인상 목사 지음
윤기영 목사 감수

Life of Jesus

요단
JORDAN PRESS

머리말

책 머리에 붙입니다

"젊은이들은 환상을 보고 늙은이들은 꿈을 꾸리라"(행 2:17)

2019년 답십리에 있는 사랑교회에서 협동목사로 섬기면서 2주에 한 번씩 주일예배 설교를 하고 있었다. 교회 재정이 어려워 담임목사가 목회 이외에 다른 직업을 갖다 보니 나에게 온 귀한 기회였다. 설교하면 할수록 선포하는 하나님의 말씀이 이스라엘이란 실제 장소에서 어떤 모습으로 어떻게 실현되었는지 궁금했다. 그래서 설렘과 기대를 안고 성지순례를 떠나게 되었다.

예수 탄생, 십자가 고난과 부활 승천이 일어난 실제 장소를 보고 설명을 들으며 기도하고 찬양하니, 성경 이야기의 주인공이신 예수님이 역사 가운데 실존했다는 사실이 생생하게 느껴졌다. 성경 말씀이 단순히 문자가 아닌 역사적 사실로 내 심령에 새롭게 인식되니 믿음이 더욱더 굳건해졌다. 성지순례 이후 나는 지금도 살아계셔서 역사하시는 하나님을 자신 있게 증거하고 설교할 수 있었다.

그런데 사실 성지순례를 통해 예수님의 발자취를 따라 성지를 보고 설명을 들었지만, 이 장소와 관련해 어떤 성경 이야기가 있고 그 의미와 교훈이 무엇인지는 확실히 알 수 없었다. 그래서 성지 순례를 못 가는 성도들을 위해 예수 탄생부터 부활 승천이 있었던 장소까지 차례대로 성지를 소개하고, 설교를 통해 각 장소에서 있었던 예수님의 메시지를 이해하기 쉽게 정리해주면 좋겠다는 생각이 들었다. 그래서 성지순례 사진과 설명을 포함하고 20편의 설교를 정리하여 『성지 순례를 따라 성지에서 선포된 예수님의 일생』을 출간하게 되었다(I. 예수님의 일생 13편, II. 예수님의 마지막 일주일 7편).

이 책을 통해 성지순례를 못 가본 성도는 직접 가본 것 같은 체험과 은혜를 누릴 수 있을 것이라고 믿는다. 또한, 초신자에게는 쉽고 재미있게 예수님을 알아가도록 도움을 줄 것이다. 앞으로 이 책이 외국어로 번역되고 선교지에도 배포되어 전도와 선교에 활용되고 하나님 나라 확장에 쓰이기를 간절히 기도한다.

이 책이 나오기까지 많은 도움을 주시고 수고하신 분들에게 감사를 드린다. 요단출판사 김용성 대표님과 출판사역팀장 박찬익 목사, 교열 교정 담당 조은샘 간사, 디자이너 이순열 실장님, 제작 담당 이인애 간사에게 감사드린다. 그리고 최종적으로 감수해주신 포도나무교회 윤기영 목사께 감사를 드린다. 사랑교회 김선우 목사와 열린문교회 김성종 목사와 겟세마네선교회 이재우 이사장의 지원에 감사드린다. 사랑하는 아내 오순영 사모와 맏사위 안사무엘 목사, 큰딸 방희경, 손녀 안리디아와 안에스더, 둘째 사위 김대철, 딸 방희영, 손자 김민호의 관심과 사랑, 기도와 격려에 감사를 전한다.

마지막으로 지금도 살아계셔서 역사하시는 하나님께 감사와 찬양과 영광을 돌린다. 아멘, 할렐루야!

방인상 목사

추천의 글

끝없는 도전과 헌신의 열정에
마음 깊은 박수를 보냅니다

방인상 목사님! 육십이 넘은 나이에 입술이 터져 가면서 신학대학원 리포트를 준비하고 시험 준비를 하던 모습이 눈에 선합니다. 신대원을 졸업하고 목사 안수를 받고… 누군가는 그냥 평신도로 조용히 교회 섬기면 되지 그 나이에 무슨 신학교고 무슨 목사 안수냐 하는 것을 온몸으로 저항하듯 그렇게 공부하는 모습이 가슴 뭉클하게 다가오곤 하였습니다.

손주들 재롱 보고 여기저기 여행 다니고 골프 같은 운동이나 하면서 그야말로 소일을 해도 누가 뭐라 하지 않을 텐데, 누가 무슨 말 하지 않는데도 어느 날 성지순례를 다녀오더니 성경을 새롭게 보고 생생하게 설교를 하기 시작하셨습니다. 그리고 그것을 한편, 한편 다듬더니 이렇게 한 권의 책으로 해산하듯 내놓으셨습니다.

성경과 성지 이스라엘을 특별히 예수님의 일생과 더불어 정리하였는데 논문이 아니라 설교 말씀으로 녹여낸 것입니다. 사십 년 넘게 들어오던 설교 말씀을 이제 설교자가 되어 평신도의 자리에서는 다소 아쉽게 듣던 그 말씀을 열정으로, 은혜로 다시 풀어 내놓은 것입니다.

어느 신학자의 설교도 아니고 대형 교회 스타 목사의 설교도 아니지만, 한 구절 한 구절이 마음에 와 머무는 것은 저자가 온몸으로 품어온 한국 교회와 가슴 깊이 새겨진 꿈이 담겨있었기 때문이리라 생각합니다.

요엘 선지자의 "늙은이들은 꿈을 꾸리라"는 말씀처럼 꿈은 젊은 이들의 전유물일 수는 없습니다. 몸은 비록 후패하여도 마음은 생명의 말씀을 품었기에 날마다 생생함을 경험합니다.

이제 첫 설교집을 받아보며 그의 이어질 발걸음을 함께 기대하게 됩니다.

밤나무골에서 윤기영 (포도나무교회 담임목사)

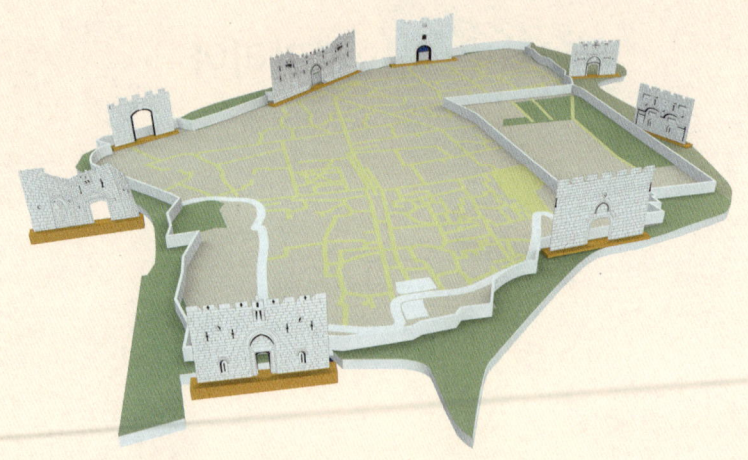

⑤ 통곡의 벽
⑧ 베데스다 연못
⑩ 실로암 못
⑬ 주기도문교회
⑭ 주눈물교회, 겟세마네고뇌교회, 마가의 다락방
⑮ 베드로통곡교회
⑯ 빌라도법정
⑰ 십자가의 길
⑱ 성묘교회
⑳ 예수승천교회

위 번호는 차례의 I. 예수님의 일생과 II. 예수님의 마지막 일주일에 나오는 순서입니다.

차례

머리말 …… 4
추천사 …… 6

I. 예수님의 일생

01. 하나님이 기뻐하시는 사람이 되자(① 예수 탄생, 베들레헴) ... 17
02. 하나님의 나라에 참여하려면(② 예수 침례, 베다니 요단) ... 32
03. 시험을 이기는 비결(③ 예수 시험, 시험산) ... 44
04. 물로 포도주를 만드는 기적이 일어나려면(④ 혼인 잔치, 가나) ... 56
05. 구원을 위한 선택(⑤ 니고데모, 예루살렘) ... 66
06. 수가성 여인 같이 변화되려면(⑥ 수가성 여인, 수가) ... 80
07. 중풍병자의 병고침을 통해(⑦ 중풍병자, 가버나움) ... 92
08. 38년 된 병자의 치유 조건(⑧ 베데스다 병자, 예루살렘 베데스다 연못) ... 104
09. 오병이어의 기적이 일어나려면(⑨ 오병이어 기적, 벳새다) ... 116
10. 실로암 맹인의 믿음(⑩ 실로암 맹인, 예루살렘 실로암 못) ... 128
11. 예수님의 표적에 동참하는 믿음(⑪ 나사로 부활, 베다니) ... 142
12. 예수님이 이 땅에 오신 이유(⑫ 삭개오, 여리고) ... 154
13. 기도하는 그대로 되는 은혜(⑬ 무화과나무, 베다니) ... 166

II. 예수님의 마지막 일주일

14. 그리스도의 고난에 참여하려면(① 최후의 만찬, 예루살렘 마가의 다락방)	181
15. 통곡의 은혜(② 베드로의 부인, 예루살렘 베드로통곡교회)	196
16. 어떻게 고난을 받으셨나(③ 빌라도 재판, 예루살렘 빌라도법정)	210
17. 십자가에 못 박혀 죽으심(④ 십자가 죽음, 예루살렘 성묘교회)	222
18. 부활하시다(⑤ 부활하심, 예루살렘 성묘교회)	242
19. 내 양을 먹이라(⑥ 나타나심, 갈릴리 타브가)	258
20. 부활 승천의 비밀(⑦ 승천하심, 예루살렘 감람산)	274

I.

예수님의 일생

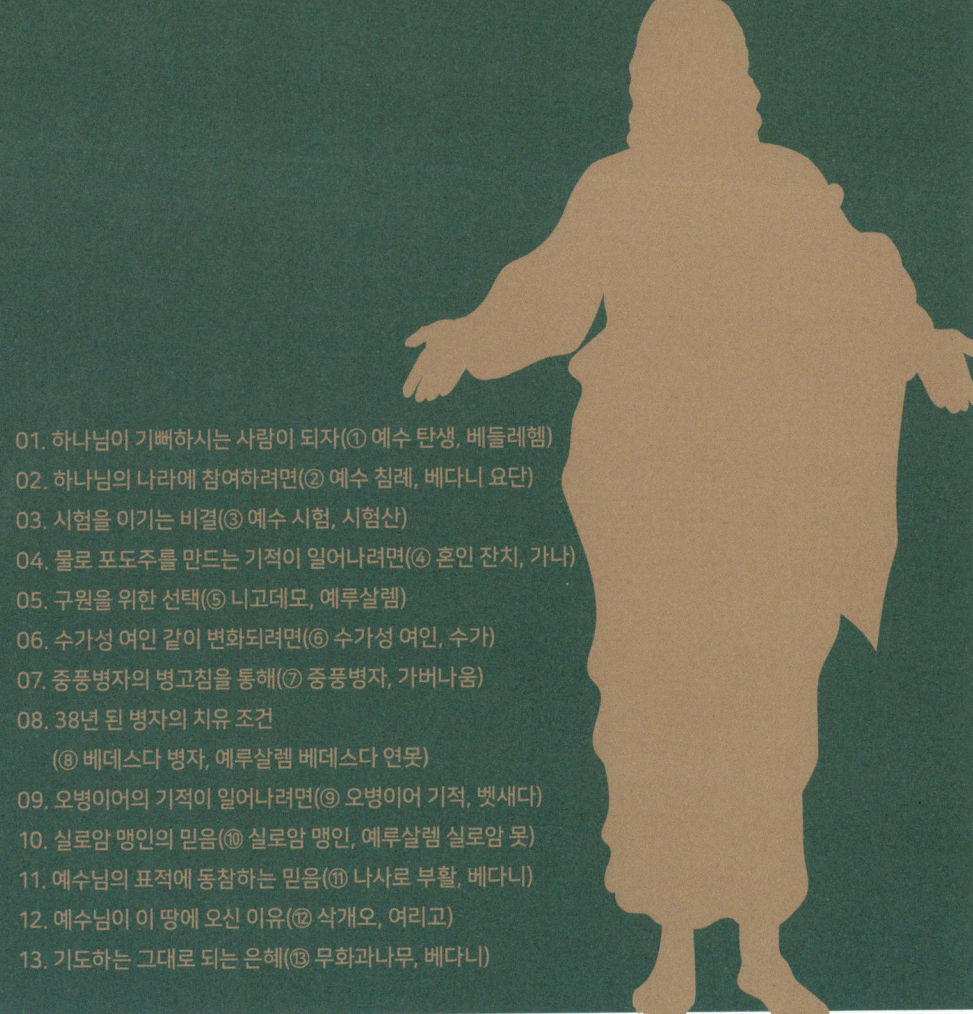

01. 하나님이 기뻐하시는 사람이 되자(① 예수 탄생, 베들레헴)
02. 하나님의 나라에 참여하려면(② 예수 침례, 베다니 요단)
03. 시험을 이기는 비결(③ 예수 시험, 시험산)
04. 물로 포도주를 만드는 기적이 일어나려면(④ 혼인 잔치, 가나)
05. 구원을 위한 선택(⑤ 니고데모, 예루살렘)
06. 수가성 여인 같이 변화되려면(⑥ 수가성 여인, 수가)
07. 중풍병자의 병고침을 통해(⑦ 중풍병자, 가버나움)
08. 38년 된 병자의 치유 조건
　　　(⑧ 베데스다 병자, 예루살렘 베데스다 연못)
09. 오병이어의 기적이 일어나려면(⑨ 오병이어 기적, 벳새다)
10. 실로암 맹인의 믿음(⑩ 실로암 맹인, 예루살렘 실로암 못)
11. 예수님의 표적에 동참하는 믿음(⑪ 나사로 부활, 베다니)
12. 예수님이 이 땅에 오신 이유(⑫ 삭개오, 여리고)
13. 기도하는 그대로 되는 은혜(⑬ 무화과나무, 베다니)

01. 하나님이 기뻐하시는 사람이 되자

① 예수 탄생, 베들레헴

요셉도 다윗의 집 족속이므로 갈릴리 나사렛 동네에서 유대를 향하여 베들레헴이라 하는 다윗의 동네로 그 약혼한 마리아와 함께 호적하러 올라가니 마리아가 이미 잉태하였더라 거기 있을 그 때에 해산할 날이 차서 첫 아들을 낳아 강보로 싸서 구유에 뉘었으니 이는 여관에 있을 곳이 없음이러라 (눅 2:4-7)

1) 성지 순례

① 나사렛 수태고지 교회

천사 가브리엘이 갈릴리 나사렛에서 요셉과 약혼한 마리아에게 나타나 수태를 고지하였다. "보라 네가 잉태하여 아들을 낳으리니 그

나사렛 수태고지 교회

나사렛 마리아의 집터

수태고지 성화 cafe.daum.netrkdrnryghl

이름을 예수라 하라"(눅 1:31). A.D. 313년 콘스탄티누스 황제가 기독교를 공인한 이후 황제의 어머니인 헬레나의 노력으로 마리아의 집터 동굴 위에 비잔틴 교회가 세워졌다. 현재의 교회는 다섯 번째로 1956-69년 이탈리아 건축가 지오바니 무치오에 의해 가톨릭 교회가 세워졌다. 교회 1층 중앙에 가브리엘 천사가 예수님 탄생을 알린 마리아의 집터 동굴이 있다. 제단이 있는 곳이 수태

고지 장소이다. 교회 회랑에는 각국에서 보내온 수태고지 성화들이 있다.

② 베들레헴 예수 탄생 기념교회

"요셉도 다윗의 집 족속이므로 갈릴리 나사렛 동네에서 유대를 향하여 베들레헴이라 하는 다윗의 동네로 그 약혼한 마리아와 함께 호적하러 올라가니 … 해산할 날이 차서 첫 아들을 낳아 강보로 싸서 구유에 뉘었으니"(눅 2:4-7).

A.D. 4세기경 헬레나 황후의 노력으로 예수님이 탄생하신 마구간 동굴 위에 비잔틴 교회가 세워졌다. A.D. 6세기경 저스틴 황제가 증축했던 기념교회는 현존하는 가장 오래된 교회 건물이다.

1) 예수 탄생 기념교회 blog.daum.net.paulindi

2) 예수 탄생 장소 blog.naver.com lifeisdifficult

A.D. 614년 페르시아가 침략했을 때 교회 벽 모자이크의 동방박사 그림을 보고 조상들이라 생각하여 파괴하지 않았다고 한다. 1번 사진 왼쪽이 예수 탄생 기념교회이고 오른쪽은 아르메니안 수도원이다. 교회 본당 중앙 제대에서 오른쪽으로 계단을 내려가면 예수님이 탄생하신 마구간 동굴(폭 3.5m, 길이 13m 정도)이 나온다. 이스라엘 주거 문화 특성상 동굴을 마구간으로도 사용했다. 동굴 오른쪽 바닥에 예수님 탄생을 기념하는 14개의 각을 가진 은별이 있고 가운데 동그란 구멍이 예수님이 태어나신 장소(2번 사진)이다. 이 은별은 1717년 가톨릭 교회에서 은으로 만들었으며 그 둘레에는 라틴어로 "이곳에서 동정녀 마리아로부터 예수 그리스도가 탄생했다"라고 새겨져 있다.

목자들의 들판교회

③ 목자들의 들판교회

베들레헴에서 2km 떨어진 벧사울이라는 동네에 목자들의 들판교회가 있다. 천사들이 목자들에게 나타나 예수 탄생 소식을 알려준 장소이다. "오늘 다윗의 동네에 너희를 위하여 구주가 나셨으니 곧 그리스도 주시니라"(눅 2:11). 목자들이 살던 동굴 위에는 A.D. 4-6세기에 비잔틴 수도원이 세워졌다. 이후, 페르시아와 이집트에 의해 파괴되었다. 현재 교회는 1954년 작은 형제회에서 캐나다 정부의 지원을 받아 베두인족의 천막 모양으로 설계하여 건축했다.

2) 설교 말씀

2000여 년 전 천사 가브리엘이 하나님의 보내심을 받아 갈릴리 나사렛에 마리아(다윗의 자손 요셉의 약혼녀)에게 갔습니다. 그리고 "네가 잉태하여 아들을 낳으리니 그 이름을 예수라 하라"고 전했습니다(눅 1:26-38). 마리아가 요셉과 약혼하고 동거하기 전에 성령으로 잉태된 것이 나타났더니 요셉은 의로운 사람이라 가만히 끊고자 하였습니다. 그런데 주의 사자가 현몽하여 마리아에게 잉태된 자는 성령으로 된 것인데 아들을 낳으리니 "그가 자기 백성을 죄에서 구원할 자이다"라고 하셨습니다. 요셉은 주의 사자의 분부대로 아내를 데려왔으나 아들을 낳기까지 동침하지 아니하였습니다(마 1:18-25).

① 눅 1:26-38 마리아 수태 고지   ③ 눅 2:1-21 예수 탄생과 목자들
② 마 1:18-25 요셉 수태 고지   ④ 마 2:1-23 동방박사와 애굽 피신

그 때에 가이사 아구스도가 호적하라고 하여 요셉도 다윗 족속이므로 본적지인 베들레헴에 마리아와 함께 올라갔습니다. 마리아는 해산할 날이 차서 마구간에서 첫 아들을 낳아 강보로 싸서 구유에 뉘었습니다. 이는 여관에 있을 곳이 없어서였습니다.
베들레헴 인근 들판에서 천사가 목자들에게 나타나 다윗의 동네에 구주가 나셨다고 알렸습니다. 목자들은 빨리 가서 마리아와 요셉과 아기를 보고 천사가 말한 것을 전했습니다. 듣는 자가 다

놀랍게 여기고 목자들은 하나님께 영광을 돌리고 찬송하며 돌아갔습니다(눅 2:1-21).

동방박사들이 예루살렘에 이르러 유대인의 왕으로 나신 이가 어디 계시냐고 물으니 헤롯 왕과 온 예루살렘이 소동했습니다. 동방박사들은 베들레헴에 가서 집에 들어가 엎드려 경배하고 황금과 유향과 몰약을 드리고 돌아갔습니다. 그들이 떠난 후 주의 사자가 요셉에게 현몽하여 "헤롯이 죽이려 하니 애굽으로 피하라"고 해서 애굽으로 갔습니다. 이후 헤롯은 그 때를 기준하여 베들레헴과 그 지경 안에 있는 두 살 이하 사내아이를 다 죽였습니다. 헤롯이 죽은 후에야 요셉은 아기와 그의 어머니를 데리고 나사렛으로 돌아왔습니다(마 2:1-23).

예수님 탄생을 중심으로 드라마처럼 긴박하게 움직였던 등장인물들의 처신과 행동을 분석하여 **하나님이 기뻐하시는 사람이 되려면** 어떻게 해야 하는지 알아보겠습니다.

하나님의 때를 기다리는 사람이 되어야 합니다

구약의 많은 선지자들이 메시아가 오심을 예언했고, 말라기 선지자부터 침례(세례)요한이 오기까지 신구약 중간기(침묵기 400년) 동안 하나님께서는 세상이 구세주를 영접할 수 있도록 준비시켰습니다. 신구약 중간기 동안 로마가 세계를 통일했습니다. 이를 '로마의 평화'(Pax Romana)라 합니다. 국경은 없어졌고, 28만km의 도로는 "모든 길은 로마로 통한다"라는 말을 탄생시켰습니다. 복음이 국경 없이 로마의 도로를 통해서 확산될 수 있는 여건이 마련되었습니다. 또한 공용어인 헬라어로 어느 나라나 민족이건 소통할 수 있었습니다. 더구나 히브리어 구약 성경이 헬라어로 번역되어 70인역 구약성경이 출판되었습니다.

> **때가 차매** 하나님이 그 아들을 보내사 여자에게서 나게 하시고 율법 아래에 나게 하신 것은 율법 아래에 있는 자들을 속량하시고 우리로 아들의 명분을 얻게 하려 하심이라
> (갈 4:4-5)

이 말씀대로 "때가 차매" 하나님께서는 예수 그리스도를 이 땅에 보냈습니다. 하지만 세상은 그를 알아보지 못했습니다. 여관 주인은 방이 없다며 산모를 거절했습니다. 마리아는 추운 마구간에서 아들을 낳아야 했습니다. 오히려 헤롯 왕은 동방박사들이 유대인의 왕을 찾자 두살 아래 사내아이들을 다 죽였습니다. 제사장들, 서기관들, 바리새인들, 사두개인들 같이 유대교에서 높은 자리에 있는 사람들은 아무도 예수 그리스도의 탄생을 알지 못했습니다.

> **시므온**이 아기를 안고 하나님을 찬송하여 이르되 … 내 눈이 주의 구원을 보았사오니 이는 만민 앞에 예비하신 것이요 이방을 비추는 빛이요 주의 백성 이스라엘의 영광이니이

다 하니(눅 2:28-32)

또 아셀 지파 바누엘의 딸 **안나**라 하는 선지자가 있어 나이가 매우 많았더라 … 마침 이 때에 나아와서 하나님께 감사하고 예루살렘의 속량을 바라는 모든 사람에게 그에 대하여 말하니라(눅 2:36-38)

그래도 희망은 있습니다. 다행히 하나님의 때를 기다리는 사람들이 있었습니다. 그 사람들은 시므온과 안나 선지자였습니다. 시므온은 의롭고 경건한 자로 그리스도를 보기 전에는 죽지 아니하리라는 성령의 지시를 받았습니다. 이때 아기 예수는 생후 40일에 치루는 정결예식을 위해 성전에 들어갔습니다. 시므온은 성령의 감동으로 알아보고 "이방을 비추는 빛이요 이스라엘의 영광이라"고 축복했습니다(눅 2:22-33). 안나 선지자도 과부가 되고 팔십사 세가 되었지만 성전을 떠나지 않고 주야로 금식하며 기도함으로 섬기더니 마침 이 때에 나아와서 속량을 바라는 모든 사람들에게 예수에 대해서 말했습니다(눅 2:36-38).

성도 여러분, 마지막 때에 주님이 다시 오실 것입니다. 그런데 그때를 정확히 알 수가 없으니, 깨어 기도하며 주님 맞을 준비를 해야 합니다. 세상 일에 마음을 빼앗겨 살거나 주님 다시 오심에 관한 소망을 잃어버리고 살다가 주님을 만나는 부끄러움을 당하지 말아야 합니다. 하나님이 기뻐하시는 사람이 되려면 시므온과 안나 선지자 같이 의롭고 경건하여 하나님의 때를 기다리는 사람이 되어야 합니다.

절대적이고 순수한 믿음을 가져야 합니다

[수태고지]
보라 네가 잉태하여 아들을 낳으리니 그 이름을 예수라 하라 … **마리아**가 천사에게 말하되 나는 남자를 알지 못하니 어찌 이 일이 있으리이까 천사가 대답하여 이르되 … 대저 하나님의 모든 말씀은 능하지 못하심이 없느니라 마리아가 이르되 주의 여종이오니 말씀대로 내게 이루어지이다 (눅 1:31-38)

이 일을 생각할 때에 주의 사자가 현몽하여 이르되 다윗의 자손 **요셉**아 네 아내 마리아 데려오기를 무서워하지 말라 그에게 잉태된 자는 성령으로 된 것이라 (마 1:20)

가브리엘 천사가 제사장 사가랴에게 나타나 "네 아내 엘리사벳이 아들을 낳으리니 요한이라 하라"고 수태고지를 했습니다. 하지만 사가랴는 믿지 못하고 "내가 늙고 아내도 나이가 많다"고 답했습니다. 가브리엘은 사가랴가 믿지 아니함으로 말 못하는 자가 되게 했습니다(눅 1:20). 가브리엘 천사가 마리아에게 나타나 "성령이 임하고 하나님의 능력으로 잉태하여 아들을 낳으리니 예수라 하라 하나님의 말씀은 능하지 못함이 없느니라"고 수태고지를 했습니다. 마리아는 절대적이고 순수한 믿음으로 "말씀대로 내게 이루어지이다"라고 대답했습니다.

마리아가 요셉과 약혼하고 동거하기 전에 잉태된 것이 나타났습니다. 요셉은 의로운 사람이라 이를 공개하자니 마리아가 부정한 짓을 저지른 것이 되어 돌로 맞아 죽는 처참한 상황이 예상되므로 가만히 끊고자 하였습니다. 이 일로 번민하고 있을 때, 주의 사자가 요셉에게 현몽하여 "마리아에게 잉태된 자는 성령으로 된 것이라 아들을 낳으리니 그가 자기 백성을 죄에서 구원할 자이다"라고 수태고지를 했습니다. 요셉은 주의 사자의 분부대로 절대적이고 순수한 믿음으로 아내를 데려왔으나 아들을 낳기까지 동침하지 않았습니다(마 1:18-25). 마리아와 요셉은 인간적으로 이해하기 힘들고 인간의 이성을 뛰어넘는 말씀(수태고지)이었지만 하나님께 순수한 믿음으로 절대적으로 순종했습니다. 하나님의 역사를 인간의 이성으로 판단하면 기적은 일어나지 않습니다. 하나님이 기뻐하시는 사람이 되려면 사가랴 같이 이성으로 판단하지 말고 마리아와 요셉 같이 하나님께 절대적이고 순수한 믿음을 가져야 합니다.

하나님의 말씀에 빨리 반응해야 합니다

> 천사들이 떠나 하늘로 올라가니 목자가 서로 말하되 이제 베들레헴으로 가서 주께서 우리에게 알리신 바 이 이루어진 일을 보자 하고 **빨리 가서** 마리아와 요셉과 구유에 누인 아기를 찾아서 보고 천사가 자기들에게 이 아기에 대하여 말한 것을 전하니(눅 2:15-17)

헤롯 왕 때에 예수께서 유대 베들레헴에서 나시매 **동방**으로부터 **박사**들이 예루살렘에 이르러 말하되 유대인의 왕으로 나신 이가 어디 계시냐 우리가 동방에서 그의 별을 보고 그에게 경배하러 왔노라 하니(마 2:1-2)

아기 예수를 가장 먼저 볼 수 있었던 사람은 여관 주인이었습니다. 그는 늦게라도 알아봤거나 산모를 불쌍히 여겨 방이라도 비워 주었다면 큰 복을 받았을 것입니다. 여관 주인 외에 선의를 베푸는 사람도 없었습니다. 천사가 베들레헴 인근 들판에서 목자들에게 기쁜 소식을 알렸습니다. 목자들은 빨리 가서 구유에 누인 아기를 찾아서 보고 천사가 말한 것을 알렸습니다. 듣는 자가 다 놀랍게 여기고 목자들은 하나님께 영광을 돌렸습니다. 바로 옆에 여관 주인과 인근 사람들도 반응이 없었는데 목자들은 다소 떨어진 들판에 있었지만 하나님의 말씀에 빨리 반응했습니다(눅 2:8-21).

동방박사들은 파르티아 제국(B.C. 247-A.D. 226)의 천문 역학자들로 추정되는데 수도 니사(현재 이란)에서 베들레헴까지는 3200km나 되는 먼 거리였습니다. 바벨론 시대에 에스라가 예루살렘으로 귀환하는데 800km의 거리를 걸어서 4개월이 걸렸습니다(스 7:9). 그러므로 동방박사들이 걸어서 왔다면 4배인 16개월, 낙타를 탔다 하더라도 6-8개월은 걸렸을 것으로 추정됩니다. 마리아가 출산 후 얼마 되지 않았을 때 동방박사들이 왔습니다. 그렇다면 동방박사들은 출산하기 훨씬 전(만약 걸었다면 임신 전)에 놀라운 별 하나를 발견하고 그 별을 따라 장시간 이동했을 것입니다.

하나님의 말씀에 먼저 빨리 반응해서 미리 이동하므로 아기 예수를 경배할 수 있었습니다. 동방박사들은 집에 들어가 엎드려 아기께 경배하고 보배합을 열어 황금과 유향과 몰약을 예물로 드렸습니다(마 2:1-12). 성도 여러분 여관 주인이나 인근 사람들처럼 무관심하고 인정머리 없는 사람이 되지 말고 하나님의 말씀에 목자들과 같이 빨리 반응하고 동방박사들과 같이 먼저 반응해서 하나님의 뜻을 이루고 하나님이 기뻐하시는 사람이 되어야 합니다.

하나님이 기뻐하시는 사람이 되려면

하나님이 기뻐하시는 사람이 되기 위해서는 시므온과 안나 선지자 같이 의롭고 경건하며 하나님의 때를 기다리는 사람이 되어야 합니다. 마리아와 요셉과 같이 하나님께 절대적이고 순수한 믿음을 가져야 합니다. 목자들과 동방박사들과 같이 하나님의 말씀에 먼저 빨리 반응해야 합니다. 하나님의 때를 기다리고 하나님께 절대적이고 순수한 믿음을 가지며 하나님의 말씀에 빨리 반응하여 하나님이 기뻐하시는 사람이 되기를 예수 그리스도의 이름으로 축복합니다.

하나님이 기뻐하시는 사람이 되려면
하나님의 때를 기다리고
하나님께 절대적이고 순수한 믿음을 가지며
하나님의 말씀에 빨리 반응하여야 합니다.

02. 하나님의 나라에 참여하려면

② 예수 침례, 베다니 요단

> 이 때에 예수께서 갈릴리로부터 요단 강에 이르러 요한에게 침례(세례)를 받으려 하시니 요한이 말려 이르되 내가 당신에게서 침례(세례)를 받아야 할 터인데 당신이 내게로 오시나이까 예수께서 대답하여 이르시되 **이제 허락하라 우리가 이와 같이 하여 모든 의를 이루는 것이 합당하니라** 하시니 이에 요한이 허락하는지라(마 3:13-15)

1) 성지 순례

① 베다니 예수님 침례(세례)터

예수님이 요단강 건너편 베다니에서 침례(세례) 요한에게 침례(세례)를 받았다(요 1:28). 예수께서 침례(세례)를 받으시고 곧 물에서 올라오실새 하늘이 열리고 하나님의 성령이 비둘기 같이 내려 자기 위에 임하심을 보시더니 하늘로부터 소리가 있어 말씀하시되 이는 내 사랑하는 아들이요 내 기뻐하는 자라 하시니라(마 3:16-17). 예수님 침례(세례)터의 현지 지명은 "카스르 엘 야후드"(Qasr el Yahud: 유다인들의 요새)인데 요단강 동쪽 요르단 지역에 있다. 사

예수님 침례(세례)터

진은 이스라엘 지역에서 요르단 쪽으로 찍었고, 뒤편에 침례(세례) 요한 기념교회가 있다.

2) 설교 말씀

구약의 말라기 선지자를 마지막으로 신구약 중간기 400년 동안 선지자가 없다가 신약 시대에 첫 선지자로 침례(세례) 요한이 광야에서 하나님의 나라를 전파했습니다. 말라기 4:5에서 하나님께서 심판 전에 엘리야를 보내겠다고 하셨습니다. 이는 엘리사 전에 엘리야가 왔던 것 같이 예수님 전에 하나님의 백성들을 준비시키기 위해 침례(세례) 요한을 보낸 것입니다.

예수님 침례(세례)터 2

보라 여호와의 크고 두려운 날이 이르기 전에 내가 선지자 엘리야를 너희에게 보내리니 그가 아버지의 마음을 자녀에게로 돌이키게 하고 자녀들의 마음을 아버지에게로 돌이키게 하리라 돌이키지 아니하면 두렵건데 내가 와서 저주로 그 땅을 칠까 하노라 하시니라 (말 4:5-6)

예수님은 "모든 선지자와 율법이 예언한 것은 요한이고 오리라 한 엘리야가 이 사람이라"고 말씀하셨습니다 (마 11:13-14). 그리고 예수님이 "엘리야가 이미 왔으되 사람들이 알지 못하고 함부로 대우했다"고 말하자 제자들은 그가 침례(세례) 요한이라는 것을 깨달았습니다 (마 17:10-13). 가브리엘 천사는 "요한이 엘리야의 심정과 능력으로 주 앞에 먼저 와서 주를 위하여 세운 백성을 준비하리라"고 전했습니다 (눅 1:17). 이사야 선지자는 요한을 "광야에서 외치는 자의 소리라 주의 길을 준비하고 그가 오실 길을 곧게 하리라"고 하였습니다(마 3:3; 사 40:3).

오늘 말씀에 침례(세례) 요한이 광야에서 천국을 전파하고 예수님께 침례(세례)를 주는 이야기를 통해 **하나님의 나라에 참여하려면** 어떻게 해야 하는지 알아보겠습니다.

회개의 침례(세례)를 받아야 합니다

침례(세례)는 물에 담그거나 물로 씻어서 베푸는 거룩한 의식입니다. 물로 씻는다는 것은 죄를 씻어주고, 완전히 새롭게 하고, 삶이 온전히 변화되어 새 사람이 되는 의미입니다. 초대 교회에선 기독교 공동체에 편입되는 입문 의식이었습니다. 헬라어로 '밥티스마'(βάπτισμα)라고 합니다. 침례는 완전히 물에 들어갔다가 나오는 의식입니다. 물속에 잠기는 것은 옛 사람이 죄와 더불어 죽고 장사되었다는 뜻이고 물 위로 올라오는 것은 새 사람이 되고 그리스도와 함께 부활했다는 의미입니다. 원래 침수하는 침례만 있었다가 물을 뿌리는 약식 세례가 도입되었습니다. 1643년 웨스트민스터 종교회의에서 표결 결과 24:24 동수였는데 의장이었던 라이푸드 박사가 '란티조(ραντίςω, 뿌린다)'에 투표함으로써 공식 의식이 되었습니다.

그 때에 침례(세례) 요한이 이르러 유대 광야에서 전파하여

> 말하되 회개하라 천국이 가까이 왔느니라 하였으니 … 나는
> 너희로 **회개**하게 하기 위하여 물로 침례(세례)를 베풀거니와
> (마 3:1-2, 11a)

침례(세례) 요한은 유대 광야에서 "회개하라 천국이 가까이 왔느니라"라고 전파했습니다(마 3:1-2). 구약의 많은 선지자도 회개하라고 외쳤습니다. 주된 내용은 집에서, 산당에서 바알을 섬기는 음행을 멈추지 않으면 이스라엘 나라가 망하니 회개하라는 것이었습니다. 그런데 신약의 첫 선지자 요한은 세상 나라가 아닌 천국, 하나님의 나라가 가까이 왔고 심판 날이 가까이 왔으니 회개하라는 것입니다. 이제 종말, 말세가 임박한 것입니다.

말세가 오기 전에 하나님의 자녀가 되려면 어떻게 해야 할까요?

"영접하는 자 곧 그 이름을 믿는 자들에게는 하나님의 자녀가 되는 권세를 주셨습니다"(요 1:12). 하나님의 자녀가 되려면 예수님을 그리스도로 믿어 회개의 침례(세례)를 받아야 합니다. 요한도 회개하게 하기 위하여 침례(세례)를 베푼다고 하였습니다. 우리는 회개하고 침례(세례)를 받으므로 이 땅에서는 교회 공동체의 일원이 되고 하나님 나라에서는 생명책에 기록되어 천국 시민권을 받는 것입니다. 또한 침례(세례)의 진정한 의미는 "누구든지 그리스도 안에 있으면 새로운 피조물이라 이전 것은 지나갔으니 보라 새 것이 되었도다"(고후 5:17)라는 말씀처럼 회개의 침례(세례)를 받아 옛사람을 벗고 새 사람이 되어 하나님의 자녀가 되는 것입니다. 그

러므로 하나님의 나라에 참여하려면 회개의 침례(세례)를 받아야 합니다.

회개에 합당한 열매를 맺어야 합니다

> 그러므로 회개에 합당한 **열매**를 맺고 … 이미 도끼가 나무 뿌리에 놓였으니 좋은 열매를 맺지 아니하는 나무마다 찍혀 불에 던져지리라 … 그는 성령과 불로 너희에게 침례(세례)를 베푸실 것이요 손에 키를 들고 자기의 타작 마당을 정하게 하사 알곡은 모아 곳간에 들이고 쭉정이는 꺼지지 않는 불에 태우시리라(마 3:8-12)

회개의 침례(세례)를 받았으므로 회개에 합당한 열매를 맺으라고 합니다(8절). 도끼가 나무 뿌리에 놓였으니 좋은 열매를 맺지 아니하는 나무마다 찍혀 불에 던져질 것이고(10절), 알곡(열매 맺는 자)은 모아 곳간(천국)에 들이고 쭉정이(열매 맺지 못하는 자)는 꺼지지 않는 불(지옥)에 태우신다고 합니다(12절). 도끼가 나무 뿌리에 놓였습니다. 주님을 믿고 회개하여 침례(세례)를 받았는데 열매 맺지 못하는 사람은 도끼로 쳐서 내칠 것입니다. 열매 맺을 때까지 한없이 기다리지 않고 처단하신다고 합니다. 이미 도끼가 나무 뿌리 위에 놓였다는 무서운 말씀의 의미를 깨닫고 정신을 바짝 차려 열매 맺는 삶을 살아야 합니다. 11절에서 예수님은 성령과 불로 침례(세례)를 베푸신다고 합니다. 요한의 침례(세례)는 회개의 침례(세례)지만 예수님의 성령과 불 침례(세례)는 예수님을 믿고 회개에 합당한 열매를 맺는 자에게는 성령의 은혜를 주시고 곳간(천국)에 들어가지만 열매 맺지 않는 자에게는 심판의 불을 내리고 영원히 꺼지지 않는 불(지옥)에 들어간다는 것입니다.

그럼 회개에 합당한 열매를 맺으려면 어떻게 해야 할까요?

다행히 누가복음 3:10-14에 구체적인 내용이 나옵니다. ① 옷 두 벌이 있으면 없는 자에게 나눠주고 먹을 것이 있어도 나눠주라. ② 세리는 세금 부과 외 뒷돈은 거두지 말라. ③ 군인들은 강탈하고 거짓 고발하지 말고 급료를 족한 줄로 알라. 이를 요약하면 없는 자들에게 나누어주고 지위를 이용해서 사익을 취하지 말며 사람들을 선하게 대하라는 것입니다. 성도 여러분, 좋은 열매 맺지 않는 나무는 찍혀 불에 던져지고 쭉정이(열매 맺지 못하는 자)는 꺼지지 않는 불(지옥)에 태우신다고 합니다. 꺼지지 않는 불(지옥)도 무섭지만 부족한 저희를 사랑하시어 회개의 침례(세례)를 베푸시고 하나님의 자녀로 삼아주심에 감사하여 회개에 합당한 열매를 맺어야 합니다.

우리가 합심하여 모든 의를 이루어야 합니다

병행 구절인 요한복음 1:29-34에서 침례(세례) 요한은 예수님을 소개합니다. 예수님을 "세상 죄를 지고 가는 하나님의 어린 양"(29절)과 "하나님의 아들이라"(34절)고 했습니다. 양은 종교적 희생 제사에 쓰이는 제물이기도 합니다. 정리하면 예수님이 하나님의 아들로서 유월절 어린 양 즉, 희생 제물이 되어 십자가에서 죽으심으로 우리 죄를 대속했다는 것입니다.

> 이 때에 예수께서 갈릴리로부터 요단 강에 이르러 요한에게 침례(세례)를 받으려 하시니 요한이 말려 이르되 내가 당신에게서 침례(세례)를 받아야 할 터인데 당신이 내게로 오시나이까 예수께서 대답하여 이르시되 **이제 허락하라 우리가 이와 같이 하여 모든 의를 이루는 것이 합당하니라** 하시니 이에 요한이 허락하는지라(마 3:13-15)

그런 예수님이 공생애를 시작하기 전에 침례(세례) 요한에게 침례(세례)를 받고자 많은 사람 속에서 자기 차례를 기다리고 있었습니다. 침례(세례) 요한은 예수님을 본 적이 없지만 하나님께서 사전에 말씀하신 대로 성령이 비둘기 같이 내려와서 예수님 위에 머무르는 것을 보고 예수님을 알아봤습니다(요 1:33). 침례(세례) 요한이 예수님에게 "내가 당신에게서 침례(세례)를 받아야 할 터인데 당신이 내게로 오시나이까?"라고 말하니 예수님이 "이제 허락하라 우리가 이와 같이 하여 모든 의를 이루는 것이 합당하다"라고 대답했습니다(마 3:14-15). 이처럼 하나님이 원하시는 모든 의는 합심해야 이룰 수 있습니다.

> 예수께서 침례(세례)를 받으시고 곧 물에서 올라오실새 하늘이 열리고 하나님의 성령이 비둘기 같이 내려 자기 위에 임하심을 보시더니 하늘로부터 소리가 있어 말씀하시되 이는 내 사랑하는 아들이요 내 기뻐하는 자라 하시니라
>
> (마 3:16-17)

또한 예수님께서 침례(세례)를 받으실 때 성령이 비둘기 같이 임하시고 하나님은 "내 사랑하는 아들이요 내 기뻐하는 자라"고 말씀하셨습니다. 이는 성경에서 성부 하나님, 성자 하나님, 성령 하나님 삼위가 유일하게 나오는 말씀입니다. 이 장면에서 예수님은 성자로서 침례(세례)를 받으시고 성령은 비둘기의 모습으로 나타나시며 성부 하나님은 "내 사랑하는 아들이라"고 선언하심으로 합심하여 예수님이 하나님의 아들임을 증거했습니다. 이렇게 시작한 공생애를 마치시고 예수님은 십자가에서 죽으심으로 우리의 죄를 대속하여 하나님이 원하시는 모든 의를 이루었습니다. 성도 여러분, 우리는 성도들과 합심하여 모든 의를 이루어야 합니다. 어르신들을 잘 섬겨 천국으로 인도해야 합니다. 그리스도인들은 가정, 직장에서도 합심하여 모든 의를 이루어야 합니다.

하나님의 나라에 참여하려면

하나님의 나라에 참여하려면 회개의 침례(세례)를 받아야 합니

다. 또한 회개에 합당한 열매를 맺어야 합니다. 우리가 합심하여 모든 의를 이루어야 합니다. 회개의 침례(세례)를 받고 회개에 합당한 열매를 맺으며 합심하여 모든 의를 이루어 하나님 나라에 참여하는 성도들이 되기를 예수 그리스도의 이름으로 축복합니다.

회개의 침례(세례)를 받고 회개에
합당한 열매를 맺으며
합심하여 모든 의(義)를 이루어
하나님 나라에 참여하는 성도가 됩시다.

03. 시험을 이기는 비결

③ 예수 시험, 시험산

그 때에 예수께서 성령에게 이끌리어 마귀에게 시험을 받으러 광야
로 가사 사십 일을 밤낮으로 금식하신 후에 주리신지라 시험하는
자가 예수께 나아와서 이르되 네가 만일 하나님의 아들이어든 명하
여 이 돌들로 떡덩이가 되게 하라 예수께서 대답하여 이르시되 **기
록되었으되 사람이 떡으로만 살 것이 아니요 하나님의 입으로부터
나오는 모든 말씀으로 살 것이라 하였느니라** 하시니(마 4:1-4)

1) 성지 순례

① 여리고 시험산

시험산(유혹산)은 예수님이 40일간 마귀에게 시험을 받은 장소이
다. 마귀는 "① 돌들로 떡덩이가 되게 하라 ② 성전 꼭대기에서 뛰
어내리라 ③ 내게 경배하면 이 모든 것을 주겠다"라며 유혹했다.
이에 예수님은 "하나님을 시험하지 말고 하나님을 경배하고 다만
그를 섬기라"는 말씀으로 사탄을 물리쳤다(마 4:1-11). 2006년 이
후, 다음 쪽 윗편에 있는 사진 중앙에 보이는 시험산 전망대까지
케이블카가 설치되었다. 케이블카 왼편에 A.D. 6세기 이후 그리스

시험산(유혹산)

40일 수도원

정교회 소속 "40일 수도원"이 자리 잡고 있다. 수도원 안에 40일 간 시험을 받은 것으로 추정되는 동굴이 있다.

2) 설교 말씀

예수님께서는 요단강에서 침례(세례)를 받으신 후 성령 충만하여 요단강에서 돌아왔지만 성령에 이끌리어 마귀에게 시험을 받으러 광야로 갔습니다. 예수님은 40일 동안 금식하시고 기도하시어 영적으로 충만했지만 아무것도 잡수시지 않아 배고프고 주리셨습니다. 예수님은 침례(세례)를 받으신 후 공생애를 시작하셨는데 첫 번째 일이 뜻밖에도 마귀에게 시험을 받는 것이었습니다. 여하튼 예수님은 이번 시험을 이기지 못하면 앞으로 어떤 일도 이루어 나갈 수 없는 상황을 맞이한 것입니다.

오늘 예수님이 광야에서 마귀에게 시험을 받는 이야기를 통해 **시험을 이기려면** 어떻게 해야 하는지 이야기를 나누어 보겠습니다.

하나님의 말씀으로 살아야 합니다

시험하는 자가 예수께 나아와서 이르되 네가 만일 하나님의 아들이어든 명하여 이 돌들로 떡덩이가 되게 하라 예수께서 대답하여 이르시되 **기록되었으되 사람이 떡으로만 살 것이 아니요 하나님의 입으로부터 나오는 모든 말씀으로 살 것이라 하였느니라** 하시니(마 4:3-4)

마귀의 첫 번째 시험은 "네가 만일 하나님의 아들이어든 이 돌들로 떡덩이가 되게 하라"는 것이었습니다. 이것은 물질에 대한 시험입니다. 악한 마귀는 사람의 가장 약한 부분을 공격합니다. 예수님은 40일 동안 금식하시어 굶주린 상태이므로 먹을 것에 대한 유혹을 거부하기 어려웠을 것입니다. 또한 "하나님의 아들이어든"이라는 전제를 붙였습니다. 예수님이 요단강에서 침례(세례)를 받을 때 성령은 비둘기 같은 모습으로, 하나님은 "너는 내 사랑하는 아들이라"고 선언하시며 예수님이 하나님의 아들임을 증거했습니다. 악한 마귀는 이 점을 공격하고자 하나님의 아들이라면 돌로 떡을 만들어 입증하라고 하는 것입니다. 하나님과 성령께서 하나님의 아들이라 이미 증거했는데 마귀에게 인정받기 위해 돌로 떡을 만들 필요는 없었습니다.

> 이에 거두니 보리떡 다섯 개로 먹고 남은 조각이 열두 바구니에 찼더라 그 사람들이 예수께서 행하신 이 표적을 보고 말하되 이는 참으로 세상에 오실 그 선지자라 하더라 그러므로 예수께서 그들이 와서 자기를 억지로 붙들어 임금으로 삼으려는 줄 아시고 다시 혼자 산으로 떠나 가시니라
> (요 6:13-15)

오병이어의 이야기는 비슷한 사례입니다. 예수님의 말씀을 듣고자 모인 오천 명이나 되는 많은 사람을 먹일 방법이 없었습니다. 이 때, 한 아이가 보리떡 다섯 개와 물고기 두 마리를 예수님

께 드렸습니다. 예수님께서 축사하신 후 사람들에게 나누어주자, 먹고 남은 조각이 열두 바구니나 되었습니다. 문제는 그다음입니다. 15절에서 사람들이 이 표적을 보고 예수님을 사는 문제를 해결해 줄 세상의 임금(모세 같은)으로 삼으려 했습니다. 예수님은 경제적인 문제가 아닌 죄의 문제를 해결하고 세상을 구원하기 위해서 오신 것입니다. 그래서 돌로 떡을 만들라는 마귀의 시험에 예수님은 신명기 8:3의 말씀을 인용하여 "사람이 떡으로만 사는 것이 아니요 여호와의 입에서 나오는 모든 말씀으로 살아야 한다"고 말씀하셨습니다. 성도 여러분, 떡인 물질도 중요합니다. 하지만 사람이 떡인 물질로만 살 수는 없습니다. 하나님의 말씀으로 살 때 영육 간에 강건하며 온전하고 행복한 삶을 살 수 있습니다. 또한, 우리는 회개의 침례(세례)를 받아 하나님의 자녀가 되었으므로 물질로 유혹하는 마귀의 시험에 하나님의 말씀으로 이겨내야 합니다.

하나님을 시험하지 말아야 합니다

이에 마귀가 예수를 거룩한 성으로 데려다가 성전 꼭대기에 세우고 이르되 네가 만일 하나님의 아들이어든 뛰어내리라 기록되었으되 그가 너를 위하여 그의 사자들을 명하시리니 그들이 손으로 너를 받들어 발이 돌에 부딪치지 않게 하리로다 하였느니라 예수께서 이르시되 **또 기록되었으되 주 너**

의 하나님을 시험하지 말라 하였느니라** 하시니(마 4:5-7)

둘째 시험은 명예에 관한 것인데 마귀가 예수님을 성전 꼭대기에 세우고 "그의 사자들이 손으로 너를 받들어 발이 돌에 부딪히지 않게 하리라"는 시편 91:11-12를 인용하면서 "하나님의 아들이어든 뛰어내리라"고 시험하였습니다. 다시 말하면, "네가 하나님의 아들이라면 성전 꼭대기에서 뛰어내려도 천사들이 너를 받들어 상하지 않고 온전하게 하여 모든 사람이 너를 능력자로 인정하는 명예를 얻을 것이라"는 이야기입니다.

마귀의 이 말은 세 가지 시험이 숨어 있습니다. 첫째, 성전을 시험했습니다. 성전은 예배하는 장소인데 능력을 행사하는 장소로 만들었습니다. 요즘 교회에서도 교회에 나와 예배하는 것보다는 자신의 능력을 어필하고 자랑하는 사람들이 있어 많은 문제를 일으키고 있습니다. 둘째, 성경을 시험했습니다. 마귀가 인용한 말씀(시 91:11)은 뛰어내림에 대한 것이 아니고 하나님이 인생 여정에서 발이 돌에 부딪히지 않을 정도로 정성으로 돌보신다는 내용입니다. 이를 마귀는 자신의 말을 정당화하기 위해서 문자 그대로 뛰어내리면 하나님께서 발이 돌에 부딪치지 않게 하실 것이라고 성경을 왜곡하고 시험했습니다. 이단들이 성경 왜곡 전문가들입니다. 셋째, 성전을 시험하고 성경을 왜곡하여 하나님을 시험했습니다. 복권을 사고 당첨되게 해달라거나 주식을 사놓고 오르게 해달라고 기도하는 것과 사업에 잔뜩 투자해놓고 무조건 잘 되게 해달라고 하는 것도 하나님을 시험하는 것입니다. 그러므로 우리는 어떤 일을 벌인 후가 아니라 벌이기 전에 기도하여 성령의 인도하심을 받아야 합니다. 그래서 예수님은 말씀을 인용하여 "주 너의 하나님을 시험하지 말라"(신 6:16)고 하셨습니다. 성도 여러분, 우리는 주님께서 주신 은혜에 감사하여 성전에서 하나님께 예배하는 것입니다. 우리는 성경을 왜곡하는 이단들을 조심해야 합니다. 일을 잔뜩 벌여 놓고 무조건 잘 되게 해달라고 하거나 헛된 명예를 얻기 위하여 하나님을 시험하지 말아야 합니다.

오직 하나님만 섬겨야 합니다

> 마귀가 또 그를 데리고 지극히 높은 산으로 가서 천하 만국과 그 영광을 보여 이르되 만일 내게 엎드려 경배하면 이 모든 것을 네게 주리라 이에 예수께서 말씀하시되 **사탄아 물러가라 기록되었으되 주 너의 하나님께 경배하고 다만 그를 섬기라 하였느니라**(마 4:8-10)

셋째 시험은 권세에 대한 것인데, 마귀는 예수님을 높은 산으로 데려가서 순식간에 천하 만국을 보여주었습니다. 마귀는 가장 짧은 시간에, 가장 넓은 공간을 보여줌으로써 자신의 능력을 과시했습니다. 모든 사람이 바라는 바도 가장 짧은 시간에 가장 많은 것을 얻는 것입니다. 마귀는 자신에게 엎드려 경배하면 이 모든 것(세상 권세)을 네게 주겠다고 제안했습니다. 이에 예수님은 다시 말씀을 인용하여 "하나님을 경외하며 그를 섬기라"(신 6:13)고 대답했습니다. "경배하면 권세를 주겠다"는 것은 예수님 이후 로마에서도 마찬가지였습니다. 다신주의였던 로마는 황제 숭배 종교가 있었습니다. 우리가 너의 종교를 인정해주는 만큼 황제에게 경배하라고 요구했습니다. 하지만 유일신을 믿는 그리스도인들은 오직 하나님만 경배하고 황제에게 경배하지 않아 권세는커녕 거주권이 박탈되어 추방되거나 많은 핍박을 받고 순교를 당했습니다.

> 그가 모든 자 곧 작은 자나 큰 자나 부자나 가난한 자나 자유인이나 종들에게 그 오른손에나 이마에 표를 받게 하고 누구든지 이 표를 가진 자 외에는 매매를 못하게 하니 이 표는 곧 짐승의 이름이나 그 이름의 수라(계 13:16-17)

말세에도 적그리스도가 나타나 자신이 만든 우상에게 경배하지 않으면 죽이고, 경배하면 짐승의 표를 줄 것입니다. 이 표가 없으면 매매를 못하게 해서 굶어 죽을 수밖에 없습니다.

> 만일 누구든지 짐승과 그의 우상에게 경배하고 이마에나 손에 표를 받으면 그도 하나님의 진노의 포도주를 마시리니 그 진노의 잔에 섞인 것이 없이 부은 포도주라 거룩한 천사들 앞과 어린 양 앞에서 불과 유황으로 고난을 받으리니 그 고난의 연기가 세세토록 올라가리로다(계 14:9-11)

그런데 우상에게 경배하면 어떻게 되나요?

요한계시록은 "적그리스도와 우상에게 경배하고 짐승의 표를 받으면 불과 유황으로 고난을 받는다"고 말합니다. 한마디로 불과 유황으로 타는 지옥에서 영원히 고통을 받는다는 말씀입니다. 성도 여러분, 마귀에게 경배하면 세상 권세를 준다고 유혹하고, 적그리스도에게 경배하여 짐승의 표를 받으면 매매를 할 수 있어 굶지 않는다고 합니다. 이런 것은 짧은 세상에 사는 동안 일시적으로 이득인것 같지만, 실상은 우리를 죄와 사망으로 인도할 것입니다. 심판 날에 마귀와 적그리스도에게 경배한 자들은 불과 유황으로 타는 지옥 불에 떨어져 영원히 고통을 받을 것입니다. 그러므로 어떤 어려움이 있더라도 구원을 받아 천국에서 영원히 살 수 있도록 오직 하나님만 섬겨야 합니다.

시험을 이기려면

시험을 이기려면 물질보다는 하나님의 말씀으로 살아야 합니다. 헛된 명예를 얻기 위하여 하나님을 시험하지 말아야 합니다. 헛된 권세를 얻기 위하여 마귀와 적그리스도에게 경배하면 심판 날에 지옥 불에 떨어집니다. 구원을 받아 천국에 가도록 하나님만 경배하고 섬겨야 합니다. 하나님의 말씀으로 살고 하나님을 시험하지 말며 오직 하나님만 섬겨 시험을 이기는 성도들이 되기를 예수 그리스도의 이름으로 축복합니다.

하나님의 말씀으로 살고
하나님을 시험하지 말며
오직 하나님만 섬겨
시험을 이기는 성도들이 됩시다.

04.

물로 포도주를 만드는 기적이 일어나려면

④ 혼인 잔치, 가나

사흘째 되던 날 갈릴리 가나에 혼례가 있어 예수의 어머니도 거기 계시고 예수와 그 제자들도 혼례에 청함을 받았더니 포도주가 떨어진지라 예수의 어머니가 예수에게 이르되 저들에게 포도주가 없다 하니 예수께서 이르시되 **여자여 나와 무슨 상관이 있나이까 내 때가 아직 이르지 아니하였나이다** 그의 어머니가 하인들에게 이르되 너희에게 무슨 말씀을 하시든지 그대로 하라 하니라(요 2:1-5)

1) 성지 순례

① 가나 혼인 잔치 기념교회

돌항아리

예수님은 갈릴리 가나의 혼인 잔치에서 공생애 첫 표적을 보이셨다. 혼인 잔치에서 포도주가 떨어졌는데 이를 불쌍히 여긴 예수님 이 돌항아리 여섯 개에 담긴 물을 포도주로 바꾸셨다. 연회장은 물

가나 혼인 잔치 기념교회

로 된 포도주를 맛보고 "처음 것보다 좋은 포도주다"라고 하며 감탄했다. 예수님이 그의 영광을 나타내시자 제자들이 그를 믿었다 (요 2:1-11). 혼인 잔치 기념교회는 1879년 프란체스코 수도회에서 세웠다. 교회 지하에 내려가면 당시의 오래된 돌항아리를 볼 수 있다(56쪽 하단 사진). "물이 변하여 포도주 됐네"(원 제목, 예수님이 말씀하시니) 찬양을 해보자.

2) 설교 말씀

복음서에는 35번의 기적이 나오는데 요한복음에는 7가지 표적이 나옵니다. 이 중 요한복음에만 나오는 표적은 ① 가나 혼인 잔치, ③ 베데스다에서 38년 된 병자를 고침, ⑦ 베다니에서 나사로를 살리는 이야기로 3가지입니다.

[요한복음 7가지 표적]

① **가나의 혼인 잔치**에서 물로 포도주를 만들다(2:1-11)
② **가버나움**에서 고관의 아들을 고치다(4:43-54)
③ **베데스다**에서 38년 된 병자를 고치다(5:1-18)
④ **벳새다**에서 오병이어로 오천 명을 먹이다(6:1-15)
⑤ **디베랴 바다**에서 물 위를 걸으시다(6:16-21)
⑥ **실로암**에서 맹인의 눈을 뜨게 하다(9:1-41)
⑦ **베다니**에서 죽은 지 사흘 된 나사로를 살리다(11:1-44)

오늘은 예수님이 행하신 첫 번째 표적인 가나 혼인 잔치에서 물로 포도주를 만드신 이야기를 하고자 합니다. 오늘 설교 제목처럼 "물로 포도주를 만드는 기적이 일어나려면" 어떤 조건이나 환경이 필요할까요? 예수님은 아무 의미가 없는 기적을 단순히 사람들을 위해 일으키지는 않았을 것입니다.

물로 포도주를 만드는 기적이 일어나기까지 어떤 과정들이 있었을까요?

예수님께서는 요단강에서 침례(세례)를 받으시고 성령 충만했습니다. 그리고 성령에 이끌리어 시험산에서 40일간 금식하며 기도하고 마귀에게 시험을 받았습니다. 예수님은 시험을 이기고 공생애를 시작했는데 가나 혼인 잔치에 어머니와 제자들과 함께 초대되었습니다. 이스라엘의 혼인 잔치는 일주일간 온 마을이 참여하는데 1절에서 예수님의 어머니가 먼저 나오는 것으로 보아 마리아는 혼주와 친척이거나 아주 친한 절친이었을 것입니다. 그래서 마리아가 초대되었고 아들인 예수와 그 제자들도 혼례에 청함을 받았을 것입니다. 특히, 제자들은 혼주와 직접적인 안면은 없었지만 친척이나 절친 아들의 제자들이란 이유로 청함을 받았을 것입니다.

> 천사가 내게 말하기를 기록하라 어린 양의 혼인 잔치에 청함을 받은 자들은 복이 있도다 하고 또 내게 말하되 이것은 하나님의 참되신 말씀이라 하기로(계 19:9)

말세에도 심판 전에 어린 양의 혼인 잔치가 있습니다. 이 혼인 잔치도 초대장을 받아야 들어갈 수 있습니다. 이 초대장은 어떻게 해야 받을 수 있을까요? 예수님을 주와 그리스도로 믿고 회개의 침례(세례)를 받아 하나님의 자녀가 되면 받을 수 있는 것입니다. 여기 성도님들은 이미 다 받은 것입니다.

물로 포도주를 만드는 기적이 일어나려면 어떤 믿음을 가져야 하는지 알아보겠습니다.

마리아와 같이 주인 의식을 갖고 간구해야 합니다

혼인 잔치에서 갑자기 포도주가 떨어졌습니다. 혼인 잔치에서 가장 중요한 것은 포도주입니다. 혼주가 깜짝 놀라 마리아에게 와서 "포도주가 떨어졌으니 큰일 났다"라고 얘기한 것도 아닌데 마리아는 예수님에게 "저들에게 포도주가 없다"라고 얘기했습니다. 마리아는 혼주가 아니지만 친척이나 절친으로서 혼주 못지않은 주인 의식이 있어 포도주 떨어진 것을 혼주보다 빨리 알아챘습니다. 마리아는 성령으로 잉태된 체험을 통해 예수님은 하나님의 아들로서 특별한 능력이 있을 것으로 알고 예수님에게 이 난처한 상황을 해결해 달라고 간구한 것입니다. 예수님은 "여자여 나와 무슨 상관이 있나이까 내 때가 아직 이르지 아니하였나이다"라고 대답했습니다. 이는 하나님께서 세상을 구원하고자 나를 이 땅에 보내셨는데 혼인 잔치에 포도주가 떨어진 것은 나와 아무 상관이 없고, 내 때 즉 메시아로서 나타낼 때가 아직 이르지 않았다는 의미였을 것입니다. 예수님은 자신을 드러내고 싶지 않았지만 혼인 잔치에 필요하고 어머니가 적극적으로 권유하니 물로 포도주를 만들어 자신이 그리스도임을 나타내야겠다고 생각하셨습니다. 하지만 야고보서 4:2에서 "너희가 얻지 못함은 구하지 아니하기 때문이요"라고 나오는 것과 같이 마리아가 구하지 않았다면 물로 포도주를 만드는 표적은 일어나지 않았을 것입니다. 그러므로 우리의 삶 가운데서도 문제를 해결해 달라고 기도해야 합니다. 기도해야 하나님의 능력이 나타납니다. 기적이 일어나려면 마리아와 같이 주인 의식을 갖고 간구해야 합니다.

예수님은 어떻게 포도주를 만들었을까요?

하인들과 같이 주님이 말씀하신 그대로 순종해야 합니다

그의 어머니가 하인들에게 이르되 너희에게 무슨 말씀을 하시든지 그대로 하라 하니라 거기에 유대인의 정결 예식을 따라 두세 통 드는 돌항아리 여섯이 놓였는지라 예수께서 그들에게 이르시되 **항아리에 물을 채우라** 하신즉 아귀까지 채우니 **이제는 떠서 연회장에게 갖다 주라** 하시매 갖다 주었더니 (요 2:5-8)

마리아는 예수님의 말에 아랑곳하지 않고 하인들에게 "너희에게 무슨 말씀을 하시든 그대로 하라"고 말했습니다. 포도주 문제를 해결하려면 무슨 말씀을 하시든, 인간적으로나 이성적으로 이해가 안 되는 말씀을 하시더라도 그대로 순종해야 기적이 일어난다는 의미입니다. 그곳에는 유대인의 정결 예식에 따라 두세 통 드는 돌항아리 여섯이 놓여 있었습니다. 한 통을 30-40L로 계산하면 항아리 하나가 110L 정도 되고, 항아리 6개면 660L가 되어 와인병(750ml)으로 환산하면 900병 정도 되는 분량입니다. 이제 마리아는 빠지고 예수님이 "항아리에 물을 채우라"고 하니 하인들은 "물은 채워서 뭐 하냐"며 말대답 하나 하지 않고 말씀하신 그대로 순종하여 항아리 아귀까지 물을 가득 채웠습니다. 예수님이 "이제는 떠서 연회장에게 갖다 주어라" 말씀하셨습니다. 이번에도 하인들은 "혼인 잔치에 포도주가 필요한데 물은 떠다 주어서 무슨 소용이 있냐"하며 투덜대지 않고 예수님이 말씀하신 그대로 순종하여 연회장에게 갖다주었습니다.

사실 예수님 입장에서 보면, 이왕 포도주를 만든다면 물 없이 빈 항아리에 포도주를 직접 채워주는 더 큰 기적을 나타낼 수 있었습니다. 하지만 예수님은 하인들에게 물을 채우는 순종을 요구하시고 순종할 때 표적을 보여주셨습니다. 사무엘상 15:22에 순종이 제사보다 낫다 하였고 신명기 28:6에 순종하면 들어와도 복을 받고 나가도 복을 받을 것이라 하였습니다. 성도 여러분, 오늘 혼인잔치에서도 하인들이 주님이 말씀하신 그대로 순종하지 않았다면 물로 포도주를 만드는 기적은 일어나지 않았을 것입니다. 주님께서 복을 주고 싶어도 순종하지 않으면 받을 수 없는 것입니다. 우리 인생 가운데 하나님의 기적이 일어나는 복을 받으려면 하인들과 같이 주님이 말씀하신 그대로 순종해야 합니다.

연회장과 같이 올바르게 평가하고 간증해야 합니다

이제는 떠서 연회장에게 갖다 주라 하시매 갖다 주었더니 연회장은 물로 된 포도주를 맛보고도 어디서 났는지 알지 못하되 물 떠온 하인들은 알더라 연회장이 신랑을 불러 말하되 사람마다 먼저 좋은 포도주를 내고 취한 후에 낮은 것을 내거늘 그대는 지금까지 좋은 포도주를 두었도다 하니라(요 2:8-10)

연회장은 물로 만든 포도주를 맛보고 어디에서 났는지 알지 못했지만, 하인들은 알았습니다. 연회장은 신랑을 불러 술에 취한 후에는 품질이 낮은 것을 주기 마련인데 오히려 좋은 포도주를 주었다고 평가해주었습니다(10절). 하인들은 정작 맛을 보지 못했지만 연회장의 올바른 평가와 간증에 근거하여 예수님이 물로 질 좋은 포도주를 만들었다고 온 마을에 소문을 냈을 것입니다. 이렇게 예수님이 물로 포도주를 만든 기적은 공생애 첫 표적으로 공인되었습니다(11절). 이 표적으로 예수님은 온 세상을 구원할 구세주로서 영광을 나타냈고, 제자들도 예수님을 메시아로 믿게 되었습니다.

비슷한 사례로 요한복음 9장에서 예수님이 날 때부터 맹인 된 사람의 눈을 뜨게 해주는 사건이 있습니다. 맹인은 예수님이 진흙에 침을 뱉어 자신의 눈에 발라 주시고 실로암 못에 가서 씻으라고 하신 그대로 행하여 눈을 뜨게 되었습니다. 이후 그는 이 사실을 의심하는 바리새인들에게 다른 건 몰라도 예수님이 눈을 뜨게 해준 것은 확실하다고 간증하였습니다. 예수님의 표적을 본 증인들의 올바른 평가와 간증은 사람들에게 복음을 알리고 예수님을 믿게 하는 데 큰 힘이 될 것입니다. 그러므로 성도 여러분, 주님께서 우리의 삶 가운데 기적이 일어나게 하고 복을 주시게 하려면 연회장이나 소경과 같이 올바르게 평가하고 간증해야 합니다.

물로 포도주를 만드는 기적이 일어나려면

물로 포도주를 만드는 기적이 일어나려면 마리아와 같이 주인의식을 갖고 간구해야 합니다. 하인들과 같이 주님이 말씀하신 그대로 순종해야 합니다. 연회장과 같이 올바르게 평가하고 간증해야 합니다. 우리의 삶 가운데 기적을 체험하기를 간구하고, 말씀에 순종하며, 체험한 하나님의 역사를 간증하는 성도들이 되기를 예수 그리스도의 이름으로 축복합니다.

우리 인생 가운데
하나님의 기적이 일어나는
복을 받으려면 하인들과 같이
주님이 말씀하신 그대로 순종해야 합니다.

05. 구원을 위한 선택

⑤ 니고데모, 예루살렘

그런데 바리새인 중에 니고데모라 하는 사람이 있으니 유대인의 지도자라 그가 밤에 예수께 와서 이르되 랍비여 우리가 당신은 하나님께로부터 오신 선생인 줄 아나이다 하나님이 함께 하시지 아니하시면 당신이 행하시는 이 표적을 아무도 할 수 없음이니이다 예수께서 대답하여 이르시되 **진실로 진실로 네게 이르노니 사람이 거듭나지 아니하면 하나님의 나라를 볼 수 없느니라** 니고데모가 이르되 사람이 늙으면 어떻게 날 수 있사옵나이까 두 번째 모태에 들어갔다가 날 수 있사옵나이까 예수께서 대답하시되 **진실로 진실로 네게 이르노니 사람이 물과 성령으로 나지 아니하면 하나님의 나라에 들어갈 수 없느니라**(요 3:1-5)

1) 성지 순례

① 예루살렘

예루살렘(평화의 도시)은 해발 760m이며 서쪽 70km 거리에 지중해가 있고, 동쪽 45km 거리에 사해가 있다. 예루살렘 성은 종교적으로 이슬람, 기독교, 아르메니아, 유대인 구역으로 나누어져 있다. 빌라도 법정과 십자가의 길 일부는 이슬람 구역에, 골고다 언덕과 예수님의 묘가 있는 성묘교회는 기독교 구역에 있다.

모리아산(성전산): 4000년 전에 아브라함이 모리아 산에서 하나님의 명령으로 이삭을 번제로 드리려 했다(창 22:2). 3000년 전에 다윗 왕은 이스라엘 전체를 하나의 왕국으로 통일하고 헤브론(7년 통치)에서 예루살렘(33년 통치)으로 수도를 천도했다. 아라우나의 타작 마당을 은 50세겔을 주고 매입했다(삼하 24:18-25).

성전: 솔로몬 왕은 모리아 산에 7년 6개월 동안 성전을 지어 하나님께 봉헌했다(왕상 6:37-38). 솔로몬 성전은 BC 586년 바벨론 느부갓네살 왕에 의해 파괴되었다. 유대인들이 바벨론 포로에서 70년 만에 이스라엘로 돌아와 BC 515년에 다시 성전(스룹바벨 성전)을 건립했다. 분봉왕 헤롯이 46년 동안 보수하고 확장했지만 A.D. 70년에 로마의 티투스 장군에 의해 무너졌다. 모든 성벽을 무너뜨렸지만 위대한 로마의 힘을 보여주기 위해 서쪽의 성벽 일부만을 남겨 놓았다. 이 부분을 "통곡의 벽"이라 부른다. 현재 보이는 예루살렘 성벽은 오스만 터키 슐레이만 1세가 1500년대에 재건한 것이다.

예루살렘

통곡의 벽

바위돔(황금돔) 사원: 예루살렘은 A.D. 638년 이후 이슬람이 점령했다. A.D. 661년에 칼리프 무아위야에 의해 바위돔 사원의 건축이 계획되어 A.D. 691년에 완공되었다. 1950년대에 요르단 후세인 국왕이 황금 500kg을 들여 금을 입힌 이후 황금돔 사원이라 불렸다. 내부에는 가로 12m, 세로 15m 바위가 있다. 이 바위는 아브라함이 이삭을 제물로 바치려 했던 곳이고 마호메트가 승천했다는 장소로 알려져 있다.

② **통곡의 벽**

유대인들은 성전이 파괴되자 벽 앞에서 애통하며 통곡했다. 이후 통곡의 벽은 기도하는 성스러운 장소가 되었다. 그들은 벽을 향해 기도하고 나올 때는 뒷걸음쳐 나온다. 남자는 벽 왼쪽으로, 여자는 벽 오른 쪽으로 들어가 기도한다. 유대인들은 기도문을 적은 종이를 통곡의 벽 사이에 끼워넣는다. 통곡의 벽은 유대인 구역에 있다.

2) 설교 말씀

유월절에 예수님께서 예루살렘에 계실 때 많은 사람들이 그의 행하시는 표적을 보고 예수님을 믿었습니다(요 2:23-25). 하지만 단순히 표적에만 의지하는 믿음은 예수님을 온전하게 믿는 믿음이 아닙니다. 표적을 보여주었던 이유는 예수님이 세상을 구원할 메시아임을 나타내려고 하신 것입니다. 사람들 눈에 보이는 표적을 이용해 보이지 않는 메시아를 증거한 것입니다. 하지만 사람들은 표적만 보고 메시아이신 예수님을 보지 못했습니다. 그러던 차에 유대인 지도자인 니고데모가 밤에 예수님을 찾아왔습니다. 니고데모는 산헤드린 공회* 의원으로 다른 사람들의 눈에 띄지 않고 방해를 받지 않기 위해 밤에 찾아왔을 것입니다.

니고데모 이야기를 나누면서 구원을 위해 어떤 선택을 해야 하는지 알아보겠습니다.

*산헤드린은 대제사장과 70인 장로로 구성된 유대인 자치기구이다.

예수님을 알아야 합니다

니고데모는 예수님께 "우리가 당신은 하나님께로부터 오신 선생인 줄 아나이다 하나님께서 함께 하시지 않으면 이 표적을 아무도 행할 수 없다"라고 말했습니다. 이 말의 요점은 표적을 행하니 하나님께로부터 온 선생이라는 것입니다. 니고데모는 예수님을 잘 알지 못했던 것입니다. 무엇보다 예수님을 올바르게 알아야 합니다.

(1) 예수 그리스도는 누구입니까?

마태복음 14:33에서 예수님이 오병이어의 기적을 베푸신 후, 제자들을 먼저 갈릴리 호수 건너편으로 가게 하고 산에 가서 기도하셨습니다. 기도한 후 밤 4시에 바람에 물결치는 바다 위를 걸어서 제자들에게 오셨습니다. 제자들은 유령인 줄 알고 무서워하여 소리를 질렀습니다. 주님이시라면 자신을 물위로 걷게 해달라던 베드로가 바람을 보고 무서워 바다에 빠진 것을 예수님이 구해주었습니다. 예수님이 베드로와 함께 배에 오르자 바람이 그쳤습니다. 배에 있는 사람들이 예수께 절하며 "진실로 하나님의 아들이다"라고 하였습니다.

요한복음 10:30에서 수전절* 겨울, 예수님이 성전에 있을 때 유대인들이 에워싸고 "당신이 언제까지 우리 마음을 미혹하느냐

---

*B.C. 164년 유다 마카비가 성전 안에 제우스 신상을 세우고 돼지 피를 뿌리며 하나님을 욕되게 했던 수리아 왕 안티오쿠스 에피파네스 4세에게서 성전을 탈환하고 봉헌한 것을 기념하는 절기.

그리스도이면 밝히 말하라"고 했습니다. 이때 예수님은 자신의 정체를 밝혔습니다. 예수님이 "내가 너희에게 말하였으되 너희가 믿지 않았다. 내가 내 아버지의 이름으로 행하는 일들이 나를 증거한다. 나와 아버지는 하나이다"라고 말씀하셨습니다.

마태복음 27:54에서 예수님이 십자가에서 크게 소리 지르시고 영혼이 떠나자 성소 휘장이 찢어지고 땅이 진동하며 바위가 터져 나갔습니다. 백부장과 지키던 자들이 지진과 그 일어난 일들을 보고 심히 두려워하여 "이는 진실로 하나님의 아들이었다"고 말했습니다. 이후 십자가 형을 집행했던 백부장 및 로마 군인들과 예수 무덤을 지켰던 경비병들은 생생한 현장 체험을 통해 예수 부활의 산 증인이 되었는데 대제사장들이 돈을 주고 매수하여 입단속을 할 정도였습니다.

세가지 말씀을 종합하면 예수님은 하나님의 아들이면서 하나님과 동일하다는 것입니다. 이를 삼위일체(Trinity)라 하며 "하나님은 성부, 성자, 성령의 삼위로서 오직 하나이시다. 그리고 유일한 하나님인 동시에 세 위격, 성부 성자 성령으로 존재하는 하나님이다"(three Persons only one God)라는 의미입니다.

(2) 예수님은 어떤 일을 하셨습니까?

예수님은 가르치시고(Teaching) 전파하시며(Preaching) 고치셨는데(Healing) 이를 예수님의 3대 사역이라 합니다(마 4:23).

(3) 예수님이 십자가에서 죽으시고 부활하신 목적이 무엇입니까?

예수님은 우리 죄를 대속*하기 위하여(갈 1:4) 자기 목숨을 많은 사람의 대속물로 주었습니다(막 10:45).

죽임을 당하시고 삼일 만에 부활하셨습니다(마 28:6). 부활의 목적은 "하나님이 세상을 이처럼 사랑하사 독생자를 주셨으니 이는 그를 믿는 자마다 멸망하지 않고 영생을 얻게 하려 하심"입니다(요 3:16).

종합하면 예수님은 하나님의 아들로서 이 세상에 오셔서(성육신) 3대 사역(Teaching, Preaching, Healing)을 통해 메시아(Meshiah)임을 나타내시고 십자가에서 죽으심으로 사람들의 죄를 사하시고(대속) 삼일 만에 부활하시어 믿는 자들에게 영생을 약속하셨습니다. 이는 기독교 교리 중에 가장 핵심적인 것입니다. 그러므로 구원을 위한 첫 번째 선택은 예수님을 알아야 합니다. 예수님이 대속과 부활을 통해 우리 죄를 사하시고 구원해 주신 그리스도임을 알아야 합니다.

예수님을 믿고 물과 성령으로 거듭나야 합니다

예수께서 대답하여 이르시되 **진실로 진실로 네게 이르노니 사람이 거듭나지 아니하면 하나님의 나라를 볼 수 없느니라**

---

*속량은 노예 값을 지불하고 자유를 주는 것이다. 예수님은 속량할 게 없는 분이지만 십자가에서 죽으심으로 우리의 죄를 대신해서 속량했다.

니고데모가 이르되 사람이 늙으면 어떻게 날 수 있사옵나이까 두 번째 모태에 들어갔다가 날 수 있사옵나이까 예수께서 대답하시되 **진실로 진실로 네게 이르노니 사람이 물과 성령으로 나지 아니하면 하나님의 나라에 들어갈 수 없느니라**(요 3:3-5)

예수님은 물과 성령으로 거듭나지 아니하면 하나님 나라에 들어갈 수 없다고 말씀하셨습니다(5절).

'거듭나다'라는 것은 어떤 의미일까요?

[거듭나다]
NIV성경   born again   (다시 태어나다)
헬라어성경   γεννηθη ανωθεν   (위로부터 새롭게 태어나다)
WBC주석   is begotten above   (위로부터 태어나다)

'거듭나다'를 NIV에는 born again으로 번역했는데, 어떻게 다시 태어나는지 의미가 불분명합니다. 헬라어로는 겐네테(γεννηθη, 태어나다) 아노텐(ανωθεν, 위로부터 새롭게)인데 '위로부터 새롭게 태어나다'는 의미입니다. 따라서 "is begotten above"라고 한 WBC 주석이 좀 더 분명한 번역입니다.

그러면 물과 성령으로 난다는 것은 무슨 의미인가요?

맑은 **물**을 너희에게 뿌려서 너희로 정결하게 하되 곧 너희 모든 더러운 것에서와 모든 우상 숭배에서 너희를 정결하게

> 할 것이며 또 새 **영**을 너희 속에 두고 새 마음을 너희에게
> 주되 너희 육신에서 굳은 마음을 제거하고 부드러운 마음을
> 줄 것이며 (겔 36: 25-26)

물 침례(세례)와 성령을 받는 것입니다. 에스겔 36:25-26에서 보면 물로 모든 더러운 것(육신의 정욕과 이생의 자랑 등)과 우상 숭배(물질, 권력, 타종교 등)에서 정결하게 하고, 새 영을 우리 속에 두어 새 마음을 받되 굳은 마음을 제거하고 부드러운 마음을 받습니다. 그러므로 물과 성령으로 난다는 것은 죄의 씻음과 새 마음을 받는 것입니다. 그래서 우리는 침례(세례)를 통해 죄를 씻어 옛 사람은 죽고 새 사람으로 태어났음을 공식적으로 알리는 의식을 갖는 것입니다.

그러면 우리는 성령을 받았을까요?

> 그러므로 내가 너희에게 알리노니 하나님의 영으로 말하는
> 자는 누구든지 예수를 저주할 자라 하지 아니하고 또 성령
> 으로 아니하고는 누구든지 예수를 주시라 할 수 없느니라
> (고전 12:3)

고린도전서 12:3에서 성령으로 아니하고는 예수를 주시라 할 수 없다 하였으므로 우리가 예수님을 주님이요 그리스도라 시인하는 것이 성령을 받은 증거입니다. 하나님 나라에 들어가려면 물과 성령으로 거듭나야 한다고 했는데 니고데모 같이 "어찌 그런 일이 있을 수 있나이까"라고 하며 믿지 않는다면 구원을 받을 수 없습

니다. 그러므로 로마서 10:10에서 "사람이 마음으로 믿어 의에 이르고 입으로 시인하여 구원에 이르느니라"고 한 것 같이 '아멘' 하는 것이 중요합니다.

> 16 하나님이 세상을 이처럼 사랑하사 독생자를 주셨으니 이는 그를 믿는 자마다 멸망하지 않고 영생을 얻게 하려 하심이라
> 18 그를 믿는 자는 심판을 받지 아니하는 것이요 믿지 아니하는 자는 하나님의 독생자의 이름을 믿지 아니하므로 벌써 심판을 받은 것이니라(요 3:16, 18)

16절에서 "하나님이 세상을 이처럼 사랑하사 독생자를 주셨으니 이는 그를 믿는 자마다 멸망하지 않고 영생을 얻게 하려 하심이라"고 한 것 같이 하나님은 세상을 위해서 독생자를 주셨지, 믿는 자만을 위해서 독생자를 주시지 않았습니다. 그러므로 구원은 누구에게나 열려 있습니다. 하나님의 뜻은 선하시지만 믿는 자는 심판을 받지 않고 믿지 않는 자는 심판을 받습니다(18절). 하나님께서 창세 전에 그리스도 안에서 우리를 택하셨습니다(엡 1:4). 따라서 우리는 믿음으로 반응해야 구원을 받습니다(엡 2:8).

사람에게는 두 가지 운명이 있습니다. 예수 믿고 구원받아 천국에 가거나 믿지 않고 심판받아 지옥에 가는 것입니다. 그러므로 구원을 위한 두 번째 선택은 예수님을 믿어야 합니다. "예수 천국 불신 지옥". 예수님을 믿고 물과 성령으로 거듭나 하나님 나라에 들어가야 합니다.

예수님을 따라야 합니다

　마태복음 19:16-22에서 재물이 많은 청년이 예수님께 와서 "무슨 일을 하여야 영생을 얻으리이까"라는 질문을 했습니다. 예수님은 "네 소유를 다 팔아 가난한 자들에게 주라 그리고 나를 따르라"고 말씀하셨습니다. 그 청년은 재물이 많으므로 근심하며 갔습니다. 누가복음 18:38에서 예수님이 여리고에 가셨을 때 한 맹인이 길 가에 앉아 구걸하고 있었습니다. (사람들이 꾸짖어 잠잠하라 했지만) 맹인은 더욱 크게 소리 질러 (의지) "나를 불쌍히 여기소서 (회개) 주여 보기를 원하나이다 (간구)"하며 외쳤습니다. 예수님이 이르시되 "네 믿음이 너를 구원하였다"라고 하시니 곧 보게 되어 하나님께 영광을 돌리며 예수님을 따랐습니다. 청년은 재물이 많으므로 예수님을 따르지 못했지만 맹인은 사람들의 제지를 받는 어려운 상황에서도 예수님을 따랐습니다. 니고데모도 예수님을 믿고 따랐습니다. 예수님이 죽으셨을 때 아리마대 요셉이 빌라도에게 가서 예수의 시체를 가져오자 니고데모는 몰약과 침향을 준비하여 유대인의 장례 법대로 향품과 함께 세마포로 쌌습니다 (요 19:40). 그리고 새 무덤에 예수님을 안장했습니다. 베드로도 예수님이 따르라고 했을 때 배와 그물을 버려두고 예수님을 따랐습니다. 우리도 맹인, 니고데모, 아리마대 요셉, 베드로와 같이 예수님을 따르는 선택을 해야 합니다.

　　예수님을 따르는 것이 어떤 것일까요?

> 진리를 따르는 자는 빛으로 오나니 이는 그 행위가 하나님
> 안에서 행한 것임을 나타내려 함이라 하시니라(요 3:21)

예수님을 따르는 자(믿는 자)들은 빛과 진리를 따라야 합니다(21절). 빛과 진리를 따른다는 것은 하나님이 사람을 창조한 목적대로 사는 것입니다. 하나님은 그리스도 예수 안에서 선한 일을 위하여 우리를 지으셨습니다(엡 2:10). 그러므로 우리의 소망을 재물이 아닌 하나님께 두며 선을 행하고 선한 사업을 많이 하고 나누어 주기를 좋아하며 너그러운 사람이 되어야 합니다(딤전 6:17-18). 바울 사도와 같이 뒤에 있는 것은 잊어버리고 앞에 있는 것을 잡으려고 푯대를 향하여 예수 안에서 하나님이 부르신 부름의 상을 위하여 달려가야 합니다(빌 3:13).

그러므로 구원을 위한 세 번째 선택은 예수님을 따라야 합니다. 빛과 진리를 따르며 선한 일을 많이 하고 주의 푯대를 향하여 부름의 상을 위하여 달려가야 합니다.

구원을 위한 선택은

예수님을 알아야 합니다. 예수님을 믿고 물과 성령으로 거듭나야 합니다. 예수님을 따라야 합니다. 예수님을 알고 믿고 따라 구원받는 성도들이 되기를 예수 그리스도의 이름으로 축복합니다.

빛과 진리를 따른다는 것은
하나님이 사람을 창조한 목적대로
사는 것입니다.

06. 수가성 여인 같이 변화되려면

⑥ 수가성 여인, 수가

> 사마리아에 있는 수가라 하는 동네에 이르시니 야곱이 그 아들 요셉에게 준 땅이 가깝고 거기 또 야곱의 우물이 있더라 예수께서 길 가시다가 피곤하여 우물 곁에 그대로 앉으시니 때가 여섯 시쯤 되었더라 사마리아 여자 한 사람이 물을 길으러 왔으매 예수께서 **물을 좀 달라** 하시니 이는 제자들이 먹을 것을 사러 그 동네에 들어갔음이러라 사마리아 여자가 이르되 당신은 유대인으로서 어찌하여 사마리아 여자인 나에게 물을 달라 하나이까 하니 이는 유대인이 사마리아인과 상종하지 아니함이러라(요 4:5-9)

1) 성지 순례

① 세겜 야곱의 우물

아브라함이 가나안 세겜(수가)에 이르자 하나님이 이 땅을 네 자손에게 주리라 약속한 땅을 처음 보여주셨다. 아브라함은 제단을 쌓고 제사를 드렸다(창 12:6-7). 이곳 야곱의 우물에서 예수님이 사마리아 여인에게 물을 달라고 하셨다. 그리고 자신이 주는 생수를 마시고 영과 진리로 예배하라 하시며 메시아 곧 그리스도라 하셨다(요 4:25-26). 예수님이 재판을 받기 전에 메시아라 명확하게 밝힌 유일한 경우다. 야곱의 우물 기념 교회는 2005년 이후 그리스 정교회가 세웠다.

② 그리심산

세겜 왼편에는 그리심산이 있다. 모세는 이를 축복의 산이라 불렀다(신 27:12). 여호수아가 가나안 정복을 마치고 이 산에서 축복을 선언했다(수 8:33). 아직도 600명의

야곱의 우물 blog.naver.com kseing

사마리아인이 종교적 전통을 지키며 살아간다. 이곳에서 구약 시대 제사의 전통을 체험할 수 있다. 바벨론 포로 생활을 마치고 성

그리심산 성전 터 blog.naver.com rodemnamusho

전을 재건할 때 유대인들이 사마리아인들을 배척하자 그들은 산 정상(881m)에 "사마리아 성전"을 건축했다.

2) 설교 말씀

예수가 제자를 삼고 침례(세례)를 베푸는 것이 요한보다 많다는 말을 바리새인들이 들어 경계하고(요 4:1), 침례(세례) 요한이 주로 유대에서 사역하므로 예수님은 이를 피하여 갈릴리로 가고자 했습니다. 유대에서 갈릴리로 가는 길은 세 가지가 있는데 첫 번째는 지중해를 따라가는 것이고, 두 번째는 사마리아를 통과하는 것이고, 세 번째는 요단강을 건너 우회하는 것입니다. 이중 가장 빠른 길은 두 번째 사마리아를 통과하는 것인데 예루살렘에서 갈릴리까지 3일 정도 걸립니다. 하지만 유대인들은 사마리아인들을 혼혈인이라 경멸하며 상종하지 않기 때문에 갈릴리로 가는 세 번째 방법인 요단강을 건너 우회하는 것입니다. 그러므로 유대인인 예수님이 사마리아를 통과해서 갈릴리로 가고자 했던 것은 사마리아에 복음을 전파하기 위한 의도적인 것이었습니다. 그리하여 예수님은 갈릴리로 가면서 사마리아에 있는 수가(Sychar; 세겜 Shechem)성에 이르렀고 피곤하여 우물 곁에 앉으셨습니다.

수가성 여인 같이 변화되려면 어떻게 해야 하는지 알아보겠습니다.

주님을 만나야 합니다

예수님이 우물 곁에 앉으시니 여섯 시가 되었습니다. 유대 시간을 우리가 사용하는 시간으로 바꾸려면, 6을 더하면 되니까, 6시는 낮 12시(정오)가 되는데 하루 중 가장 더운 때입니다. 이 더운 시간에 사마리아 여자가 물을 길으러 온 것입니다. 이 여자는 현재 여섯번 째 남편과 살고 있는 부끄럽고 수치스러운 여인이었습니다(18절). 유대 랍비들은 최대한 세 번까지 재혼할 수 있다고 하였으므로 유대는 물론 사마리아에서도 사람 취급을 못 받는 여인이었습니다. 그래서 이 사마리아 여자는 물을 기르기 위하여 시원한 아침이나 저녁에 오지 못하고 사람들을 피해 뜨거운 대낮에 수가성 동네에서 우물까지 걸어왔습니다. 그런 여자에게 예수님이 "물을 달라"고 했습니다. 사마리아 여자가 예수님께 "당신은 유대인으로서 어찌하여 사마리아 여자인 나에게 물을 달라 하나이까"라고 말했습니다.

예수님은 대화의 물꼬를 트고자 '물을 달라'고 하였는데 사마리아 여자는 유대인은 사마리아인과 상종하지 않는데 유대인이 물을 달라고 하니 처음 겪는 일이라 신기해서 애초의 어색함을 잊고 오히려 호기심이 생겼습니다. 이상한 유대 남자와 얘기를 하는 것이 재미있게 느껴졌습니다. 그래서 예수님은 "물을 달라"고 한마디 했는데 사마리아 여자는 "어휴 유대인과 말하기 싫어요"라 하며 정색하지 않고 "어찌하여 유대인이 사마리아 여자에게 물을 달라고 하느냐"며 다소 장황하게 답변을 했습니다. 하지만 이런 관심과 답변이 예수 그리스도를 만나 변화된 삶을 사는 계기가 되었습니다.

너희는 가서 내가 긍휼을 원하고 제사를 원하지 아니하노라 하신 뜻이 무엇인지 배우라 나는 의인을 부르러 온 것이 아니요 죄인을 부르러 왔노라 하시니라(마 9:13)

예수님은 의인을 부르러 온 것이 아니라 죄인을 부르러 왔습니다. 주님이 우리를 만나는 데는 조건이 없습니다. 주님은 부족한 우리를 만나기 위해 아무 조건 없이 찾아오십니다. 수가성 여인 같이 찾아오시는 주님을 거부하지 않고 만나야 우리는 변화할 수 있습니다.

주님이 주시는 생수를 마시고 영과 진리로 예배해야 합니다

내가 주는 물을 마시는 자는 영원히 목마르지 아니하리니 내가 주는 물은 그 속에서 영생하도록 솟아나는 샘물이 되리라 … 네가 남편이 없다 하는 말이 옳도다 너에게 남편 다섯이 있었고 지금 있는 자도 네 남편이 아니니 네 말이 참되도다 여자가 이르되 주여 내가 보니 선지자로소이다(요 4:14-19)

예수님은 "내가 주는 물을 마시는 자는 영원히 목마르지 아니하리니 내가 주는 물은 그 속에서 영생하도록 솟아나는 샘물이 되리라"고 말했습니다(14절). 우리가 샘물을 마시면 육체적으로 갈증이 해소되면서 마음도 상쾌하듯이, 주님이 주시는 생수(영생수)를 마시면 구원받아 영생을 누리게 되고 현재의 삶도 행복해진다는 의미입니다. 예수님이 "남편을 불러오라"고 말했습니다. 여자는 "남편이 없다"고 대답했습니다. 예수님은 "네 말이 옳다 네 남편이 다섯 있었고 지금 있는 자도 네 남편이 아니니 네 말이 참되도다"라고 말했습니다. 여자는 "아니 오늘 처음 보았는데 나의 모든 것을 알다니 대단하다"고 생각하며 감동 받았습니다. 자기가 숨기고 싶었던 핵심적인 고민을 말하니 믿음이 가고 마음이 열렸습니다. 이런 일은 선지자가 아니면 알 수 없는 것이라고 생각하여 "주여 내가 보니 선지자로소이다"라고 고백했습니다(19절).

여자는 이제 마음을 열고 예수님과 본격적인 신앙 얘기를 하게 되었습니다. 여자가 우리 조상들은 그리심 산에서 예배하였는데 당신과 같은 유대인들은 예루살렘에서 예배드려야 한다고 주장하고 있다고 하자, 예수님은 그리심 산도 아니고 예루살렘도 아니고 특정한 장소가 아닌 곳에서 예배할 때가 이르리라고 말했습니다.

> **하나님은 영이시니 예배하는 자는 영과 진리로 예배할지니라** 여자가 이르되 **메시아 곧 그리스도라** 하는 이가 오실 줄을 내가 아노니 그가 오시면 모든 것을 우리에게 알려 주시리이다 예수께서 이르시되 **네게 말하는 내가 그라** 하시니라
> (요 4:24-26)

이어 예수님은 "영과 진리로 예배하라"고 말했습니다. 영과 진리는 성령과 말씀을 말하므로 영과 진리로 예배하라는 것은 성령과 말씀으로 예배하라는 것입니다. 말씀의 핵심은 예수 그리스도입니다. 우리는 영(성령)과 진리(말씀)로 예배하므로 예수님이 주시는 생수를 마실 수 있습니다. 우리는 영생을 얻고 행복하게 살 수 있습니다. 다시 여자가 "메시아 곧 그리스도가 오실 줄을 안다"고 말하니 예수님이 "내가 그라"고 하셨습니다(25-26절). 성경에서 예수님이 "내가 그리스도다"라고 하시며 자신의 정체성을 직접 밝힌 것은 이 말씀이 유일합니다. 수가성 여인 같이 변화되려면 주님이 주시는 생수를 마셔야 합니다. 이 생수를 마시려면(영생을 얻고 행복해지려면) 영과 진리로 예배해야 합니다. 예배는 주님이 주시는 생수를 마시는 방법입니다.

하나님의 뜻을 행하며
하나님의 일을 온전히 이루어야 합니다

여자가 ① 물동이를 버려 두고 동네로 들어가서 사람들에게 이르되 내가 행한 모든 일을 내게 말한 사람을 ② **와서 보라** 이는 그리스도가 아니냐 하니 … 예수께서 이르시되 **나의 양식은 나를 보내신 이의 뜻을 행하며 그의 일을 온전히 이루는 이것이니라** … 여자의 말이 내가 행한 모든 것을 그가 내게 말하였다 ③ 증언하므로 그 동네 중에 많은 사마리아

인이 예수를 믿는지라(요 4:28-29, 34, 39)

여자가 ① 물동이를 버렸습니다. 우물에 물을 뜨러 왔는데 예수님을 만나 은혜를 받아 세상의 일을 다 잊고 물동이를 버린 것입니다. 은혜를 받으면 세상일을 다 잊게 되는 것입니다. 여자는 변화되어 동네 사람들에게 "내가 행한 모든 일을 내게 말한 사람을 ② 와서 보라 이는 그리스도가 아니냐"라며 담대히 말했습니다. 이를 **'와보라'** 전도라고 합니다. 요한복음 1:39-42에 최초의 사례가 나옵니다. 예수님이 안드레에게 "와서 보라"고 했고 말씀대로 안드레가 베드로를 찾아 "우리가 메시아를 만났다"라고 말하며 예수님께 데리고 와서, 전도했습니다. 이렇게 데리고 와서 보게 하는 전도를 '와보라 전도'라고 합니다. 우리가 사람들에게 예수님을 소개할 자신이 없으면 교회로 데리고 오면 됩니다. 그러면 목사님의 설교를 통해서 전도되는 것입니다.

여자가 창피함을 모르고 외치는 것을 본 사람들이 반신반의하면서도 궁금하여 예수님께 왔습니다. 예수님은 "나의 양식은 나를 보내신 이의 뜻을 행하며 그의 일을 온전히 이루는 것이라"고 말씀하셨습니다(요 4:34). 이는 하나님의 뜻을 행하며 하나님의 일을 온전히 이루라는 의미입니다. 여자는 "그가 내가 남편이 여섯이었던 것을 다 알며 말씀하시는 것으로 보아 메시아 곧 그리스도다"라고 하며 ③ 예수님을 증언하므로 많은 사마리아인이 예수님이 세상의 구주인 것을 믿게 되었습니다. 사마리아에는 예수님을 구주로 믿는 사람이 하나도 없었는데 여자가 야곱의 우물에서 예수님을 만나 변화되어 ① 물동이를 버리고 ② 와서 보라 하며(와보라 전도) ③ 예수님을 증언하여 사마리아 한 동네가 예수님을 믿는 역사가 일어났던 것입니다. 여자는 하나님의 뜻을 행하며 하나님의 일을 온전히 이루었습니다. 그리스 정교회 자료에 의하면 여자는 "포테이네"라는 이름으로 전도자가 되어 이집트 알렉산드리아에서 예수의 이름으로 병을 고치고 귀신을 내쫓는 기적을 일으키며 복음을 전했습니다. 이후 로마에 가서 복음을 전하다 네로 황제에 의해 순교했습니다.

> 예수의 말씀으로 말미암아 믿는 자가 더욱 많아 그 여자에게 말하되 이제 우리가 믿는 것은 네 말로 인함이 아니니 이는 우리가 친히 듣고 그가 참으로 세상의 구주신 줄을 앎이라 하였더라(요 4:41-42)

이제 동네 사람들도 말합니다. 처음에는 여자의 말을 듣고 왔지만 예수님의 말씀을 직접 들으니 참으로 세상의 구주인 줄 알게 되었다고 간증합니다. 예수님의 말씀으로 말미암아 믿는 자가 더욱더 많아졌습니다. 성도 여러분, 수가성 여인 같이 변화되려면 하나님의 뜻을 행하여 하나님의 일을 온전히 이루어야 합니다. 우리 각자에게 주어진 하나님의 뜻을 행하여 하나님의 일을 온전히 이루어야 합니다.

수가성 여인 같이 변화되려면

수가성 여인 같이 변화되려면 주님을 만나야 합니다. 주님이 주시는 생수를 마셔야 합니다. 영과 진리로 예배해야 합니다. 하나님의 뜻을 행하며 하나님의 일을 온전히 이루어야 합니다. 주님을 만나고 주님이 주시는 생수를 마시고 하나님의 뜻을 행하며 하나님의 일을 온전히 이루는 성도가 되기를 예수 그리스도의 이름으로 축복합니다.

주님이 우리를 만나는 데는 조건이 없습니다.
주님은 부족한 우리를 만나기 위해
아무 조건 없이 찾아오십니다.

 # 07. 중풍병자의 병 고침을 통해

⑦ 중풍병자, 가버나움

수 일 후에 예수께서 다시 가버나움에 들어가시니 집에 계시다는 소문이 들린지라 많은 사람이 모여서 문 앞까지도 들어설 자리가 없게 되었는데 예수께서 그들에게 도를 말씀하시더니 사람들이 한 중풍병자를 네 사람에게 메워 가지고 예수께로 올새 무리들 때문에 예수께 데려갈 수 없으므로 그 계신 곳의 지붕을 뜯어 구멍을 내고 중풍병자가 누운 상을 달아 내리니 예수께서 그들의 믿음을 보시고 중풍병자에게 이르시되 **작은 자야 네 죄 사함을 받았느니라** 하시니(막 2:1-5)

1) 성지 순례

① 가버나움

가버나움(긍휼의 마을)은 천 년 이상 잊혔던 땅으로 미국의 고고학자 로빈슨에 의해 1838년 발굴되었다. 예수님 당시 가버나움은 로마군이 주둔한 중요 지역으로 어업이 발달한 곳이었다. 예수님은 이곳에서 일 년간 지내시며 복음을 전했다. 베드로와 그의 장모도 이곳에 살았다. 예수님은 가버나움에서 병을 고치고 죽은 자를 살리며 많은 기적을 행하셨음에도 많은 사람이 회개하며 믿지 않

가버나움 회당

앉고 종교 지도자들은 예수님은 하나님의 아들, 메시아가 아니라며 유대인들을 불신과 멸망으로 이끌었다. 이에 예수

베드로 집터

님은 가버나움이 회개하지 않아 책망하셨다. "가버나움아 네가 하늘에까지 높아지겠느냐 음부에까지 낮아지리라"(마 11:23)고 하시며 몰락할 것을 예언하셨다. 이 예언대로 가버나움은 6세기에 퇴락하여 사람이 살지 않게 되었고 현재는 1894년 이 땅을 구입한 프란치스코 수도원 수도사들과 그리스정교회 수도사들만이 거주하고 있다.

② 가버나움 회당

갈릴리에서 제일 큰 회당으로 "그가 우리 민족을 사랑하고 우리를 위하여 회당을 지었나이다"(눅 7:5)라는 말씀대로 믿음이 신실했던 로마 백부장에 의해 검은 현무암으로 지어졌다. 예수님이 떠난 후 30여 년이 지나 유대 종교 지도자들이 석회암으로 재건축하였다. 이후 로마 티투스 장군의 정복 때 로마의 유대 흔적 지우기로 다 무너졌다. 예수님의 예언이 실현된 현장이 되었다.

③ 베드로 집터

예수님이 베드로의 집에 계실 때 중풍병자를 메고 온 네 사람이 많은 사람이 모여서 들어갈 수 없자 지붕을 뜯어 중풍병자를 내렸다. 예수님은 그들의 믿음을 보시고 "네 죄 사함을 받았다"라고 하시며 병자를 고쳐주셨다. 중풍병자가 상을 가지고 모든 사람 앞에서 나가자 다 놀라 하나님께 영광을 돌렸다(막 2:1-12). 회당과 마주보고 있는 베드로 집터 위에 이탈리아 건축가 아베타가 1990년에 교회를 세웠다.

2) 설교 말씀

침례(세례) 요한이 잡힌 후에 예수님은 나사렛을 떠나 가버나움으로 왔고 일 년간 지내시며 복음을 전했습니다. 베드로도 이곳에 살았고 그의 장모는 회당 앞 동네에 살았습니다. 가버나움에는 아직도 회당터와 베드로 일가가 살았던 집터들이 남아있습니다. 마가복음 1장에서 예수님은 온 갈릴리에 다니시며 여러 회당에서 전도하시고 귀신을 내쫓으시며 많은 사람의 병을 고치셨습니다. 베드로 장모의 열병을 고치기도 했고 나병 환자를 고치기도 했습니다. 그러자 예수의 소문이 갈릴리 사방에 퍼지게 되었고(28절) 예수님이 가시는 곳마다 너무 많은 사람이 몰려 다시는 드러나게 동네에 들어가지 못하시고 오직 바깥 한적한 곳에 계셨으나 그래도 사방에서 사람들이 알고 찾아왔습니다(45절).

예수님께서는 가버나움을 중심으로 갈릴리에서 주로 사역하셨는데 갈릴리 사역 중에서도 대표적인 **중풍병자의 병고침**을 통해 예수님께서 무엇을 의도하셨는지 알아보겠습니다.

"예수님이 하나님"이라는 사실을 알리려 하셨습니다.

사람들이 한 중풍병자를 네 사람에게 메워 가지고 예수께로 올새 무리들 때문에 예수께 데려갈 수 없으므로 그 계신 곳의 지붕을 뜯어 구멍을 내고 중풍병자가 누운 상을 달아 내리니 예수께서 그들의 믿음을 보시고 중풍병자에게 이르시되 **작은 자야 네 죄 사함을 받았느니라** 하시니(막 2:3-5)

예수님께서 다시 가버나움으로 가셨습니다. 집에 계신다는 소문이 들리니 많은 사람이 몰려들었고 문 앞까지도 들어설 자리가 없을 정도로 입추의 여지가 없었습니다. 사람들이 중풍병자를 네 사람에게 메워서 치료받게 하고자 하였으나 많은 무리 때문에 예수님께 데려갈 수가 없었습니다. 그러자 그들은 꾀를 내었습니다. 예수님이 계신 곳의 지붕을 뜯어 구멍을 내고 중풍병자가 누운 상을 달아 내렸습니다. 고대 이스라엘의 지붕은 평평하고 바깥에서도 사다리로 올라갈 수 있으며 집을 짓는 재료가 대부분 흙벽돌이었습니다. 따라서 이들은 바깥에서 사다리를 타고 지붕으로 올라가서 흙벽돌을 부수어 구멍을 내고 중풍병자를 예수님께 달아 내릴 수 있었습니다. 사실 성경에는 나오지 않지만 지붕에 구멍을 내려면 쿵쾅거리는 소음도 나고 흙먼지가 예수님 머리 위로 떨어지는 상황이었을 것입니다. 설교하시는 예수님께 방해가 되고 잘못하면 책망을 받을 수도 있었을 것입니다. 그런데 정말 황당하게도 지붕에서 쿵쾅거리더니 구멍이 뻥 뚫리고 먼지가 확 쏟아지더니 무슨 들것이 슬슬 내려오는 것이었습니다. 예수님의 말씀을 듣던 사람들도 황당해서 "이것이 무슨 시츄에이션이여. 저런 몰상식한 사람들이 있네"하고 욕을 했을지도 모릅니다. 그런데 예수님께서는 그들의 방해를 책망하지 않으셨습니다. 오히려 중풍병자를 메고 온 사람들의 믿음을 보시고 중풍병자에게 "작은 자야 네 죄 사함을 받았느니라"(5절)고 하였습니다.

> 이 사람이 어찌 이렇게 말하는가 신성모독이로다 오직 하나
> 님 한 분 외에는 누가 능히 죄를 사하겠느냐 … 그들이 속으
> 로 이렇게 생각하는 줄을 예수께서 곧 중심에 아시고 이르
> 시되 어찌하여 이것을 마음에 생각하느냐 중풍병자에게 네
> 죄 사함을 받았느니라 하는 말과 일어나 네 상을 가지고 걸
> 어가라 하는 말 중에서 어느 것이 쉽겠느냐 그러나 인자가
> 땅에서 **죄를 사하는 권세**가 있는 줄을 너희로 알게 하려 하
> 노라 (막 2:7-10)

그러자 서기관과 바리새인들은 "신성모독이다 오직 하나님 한 분 외에는 누가 능히 죄를 사하겠느냐"라고 생각했습니다. 예수님은 속으로 이렇게 생각하는 줄을 아시고 "어찌하여 이것을 마음에 생각하느냐 … 그러나 인자가 땅에서 죄를 사하는 권세가 있는 줄을 너희가 알게 하려 하노라"라고 말씀하셨습니다.

죄 사함과 병 고침은 둘 다 쉬운 것이 아닙니다. 둘 다 어려운 일입니다. 차이점이 있다면 병 고침은 사람도 할 수 있고 치료가 되었는지 검증이 됩니다. 하지만 죄 사함은 하나님만 할 수 있고 진짜 용서가 되었는지 검증할 수 없습니다. 따라서 예수님께서는 사람들이 검증할 수 있는 병 고침을 통해 죄를 사하는 권세가 있는 줄을 알게 하려 하신 것입니다. 유대인들은 메시아조차도 죄를 사할 수 없다고 보기 때문에 이 일화에선 "예수는 하나님이다"라는 사실을 알리고자 했던 것입니다. 마찬가지로 예수님께서 공생애 기간에 많은 이적과 표적을 행하셨지만 예수님의 진정한 의도는

"예수는 하나님이다"라는 사실을 알리고자 했던 것입니다. 예수님은 능력의 하나님임을 믿으시기 바랍니다.

하나님께 영광을 돌리고자 하였습니다

내가 네게 이르노니 일어나 네 상을 가지고 집으로 가라 하시니 그가 일어나 곧 상을 가지고 모든 사람 앞에서 나가거늘 그들이 다 놀라 하나님께 영광을 돌리며 이르되 우리가 이런 일을 도무지 보지 못하였다 하더라(막 2:11-12)

예수님께서 "내가 네게 이르노니 일어나 네 상을 가지고 집으로 가라"고 하시니 그가 벌떡 일어나 곧 상을 가지고 모든 사람 앞에서 나갔습니다. 사람들은 깜짝 놀라 "아니 조금 전까지만 해도 전혀 걸을 수 없어 네 사람이 메고 왔는데 팔다리를 만져준 것도 아니고 일어나 집으로 가라 말 한마디 했는데 벌떡 일어나 다니 하나님의 능력과 역사하심을 보았다"라고 하며 감탄했을 것입니다.

모든 사람이 죄를 범하였으매 하나님의 영광에 이르지 못하더니 그리스도 예수 안에 있는 속량으로 말미암아 하나님의 은혜로 값 없이 의롭다 하심을 얻은 자 되었느니라 (롬 3:23-24)

"하나님의 은혜로 값 없이 의롭다 하심을 얻은 자 되었다"(롬 3:24)라는 말씀대로 이제 중풍병자는 병을 고치고 죄 사함을 받아 값없이 의로운 자가 되었습니다. 우리의 행위에서 난 것이 아니고 예수 그리스도의 속량으로 값없이 의롭다 하심을 얻었으니 하나님의 은혜요, 선물입니다. 주님 감사합니다. 주의 이름을 찬양합니다. 병상을 메고 온 사람들은 물론 모든 사람이 병 고침과 속죄의 기적을 보고 생전 처음 보는 광경에 놀라며 하나님께 영광을 돌렸습니다.

그러면 우리는 어떻게 해야 하나님께 영광을 돌릴 수 있을까요?

아버지께서 내게 하라고 주신 일을 내가 이루어 아버지를 이 세상에서 영화롭게 하였사오니(요 17:4)

그런즉 너희가 먹든지 마시든지 무엇을 하든지 다 하나님의 영광을 위하여 하라(고전 10:31)

위 말씀대로 하나님께 영광을 돌리려면 우리가 원해서, 하고 싶어서 하는 일보다는 아버지께서 내게 하라고 주신 일을 해야 합니다(요 17:4). 그러므로 먹든지 마시든지 무엇을 하든지 다 하나님의 영광을 위해 해야 합니다(고전 10:31).

스스로 돕지 못하는 사람들을 도우라 하십니다

너는 사망으로 끌려가는 자를 건져 주며(잠 24:11)

물 위에 생명줄 던지어라 누가 저 형제를 구원하랴
우리의 가까운 형제이니 이 생명줄 그 누가 던지려나
생명줄 던져 생명줄 던져 물 속에 빠져간다
생명줄 던져 생명줄 던져 지금 곧 건지어라(찬송 500장)

중풍병자는 간절히 낫고자 하는 소원이 있고 예수님 앞에 가면 나을 수 있다는 믿음도 있었습니다. 그러나 스스로 주님 앞에 갈 수가 없었습니다. 그런데 중풍병자 주변에 있던 사람들이 그를 불쌍히 여겨 지붕을 뚫어서라도 예수님 앞에 데리고 갔습니다. 그들은 자기 일인 것처럼 주님 앞에 가면 병 고침을 받을 수 있다는 간절한 소망과 믿음을 가지고 스스로는 예수님께 나갈 수 없는 중풍병자를 도왔습니다. 그래서 예수님께서는 중풍병자보다 그를 메고 갔던 사람들의 믿음을 보시고(막 2:5) 병을 고쳐주시고 죄를 용서해주셨습니다. 잠언 24:11에서 사망으로 끌려가는 자를 건져 주라고 합니다. 찬송 500장 가사대로 가까운 형제를 구하기 위해 생명줄 던지라고 합니다. 물에 빠진 사람은 자신을 구할 수 없습니다. 누구인가 구명부환을 던져주고 줄을 당겨 그를 구해내야 합니다. 그러나 아무도 구하지 않으면 점점 물속에 빠져갈 것입니다. 그래서 생명줄을 던져야 하는데 지금 이 시간 던져야 합니다. 우리는 중풍병자를 메고 왔던 사람들처럼 생명줄을 던져 스스로 돕지 못하는 사람들을 도와야 합니다.

중풍병자의 병 고침을 통해

예수님은 중풍병자의 병고침을 통해 죄를 사하여 주시고 값없이 의롭게 하셨습니다. 예수님은 죄 사함의 권세가 있는 하나님입니다. 우리는 하나님 아버지께서 내게 하라고 주신 일을 이루어 하나님께 영광을 돌려야 합니다. 우리는 스스로 돕지 못하는 사람들을 돕는 사람이 되어야 합니다. 물 위에 생명줄을 던져야 합니다.

예수님께서 공생애 기간에 많은
이적과 표적을 행하신 진정한 의도는
"예수는 하나님이다"라는
사실을 알리고자 했던 것입니다.

08. 38년 된 병자의 치유 조건

⑧ 베데스다 병자, 예루살렘 베데스다 연못

그 후에 유대인의 명절이 되어 예수께서 예루살렘에 올라가시니라 예루살렘에 있는 양문 곁에 히브리 말로 베데스다라 하는 못이 있는데 거기 행각 다섯이 있고 그 안에 많은 병자, 맹인, 다리 저는 사람, 혈기 마른 사람들이 누워 [물의 움직임을 기다리니 이는 천사가 가끔 못에 내려와 물을 움직이게 하는데 움직인 후에 먼저 들어가는 자는 어떤 병에 걸렸든지 낫게 됨이러라] 거기 서른여덟 해 된 병자가 있더라 예수께서 그 누운 것을 보시고 병이 벌써 오래된 줄 아시고 이르시되 **네가 낫고자 하느냐**(요 5:1-6)

1) 성지 순례

① 베데스다 연못

　베데스다(자비의 집) 연못은 예루살렘 동쪽 위 성문인 스데반문 또는 사자문(Lion Gate)을 들어서면 약 10m 우측, 성전으로 들어가는 양문(Sheep Gate) 앞에 있다. B.C. 200년경 대제사장 시몬이 성전에 물을 공급하고 종교적, 치료적 목적으로 두 개의 쌍둥이 연못(길이 100m, 폭 60m, 깊이 7-8m)을 건설하였다. 이 연못은 5개의 행각(회랑)이 둘러싸고 있었는데 병자들은 몸이 온전하지 못하여 성전에서 제사를 드릴 수 없기 때문에 이곳에 모여들었다. 여기서 제사용 동물들을 깨끗하게 씻긴 것 같이 자신들도 깨끗하게 낫기를 원했다. 예수님은 이곳에서 38년 된 병자를 치유하셨다(요 5:1-9).

② 스데반문

초대교회 스데반의 순교 사건이 일어났던 곳이다(행 7:54). 이 문에는 좌·우측에 각 2마리씩 총 4마리의 사자상이 조각되어 있어 '사자문'이라고도 한다.

사자문

베데스다 연못

2) 설교 말씀

요한복음에는 예수님의 7가지 표적 이야기가 나옵니다. ① 가나의 혼인잔치(2장) ② 왕의 신하의 아들 병 고침(4장) ③ 38년 된 병자 치유(5장) ④ 오병이어의 기적(6장) ⑤ 물 위를 걷다(6장) ⑥ 소경 치료(9장) ⑦ 나사로의 부활(11장) 이야기입니다. 오늘은 세 번째 베데스다 연못에서 예수님이 38년 된 병자를 치유하신 이야기를 하려고 합니다. 예수님이 공생애 초기에 가나 혼인 잔치에서 물로 포도주를 만들고 왕의 신하의 아들의 병을 고쳐주셨지만, 이는 주로 개인적인 일이었는데, 이제 베데스다 연못에서 38년 된 병자를 치유해주고, 사람들이 많이 있는 곳에서 자신에 대해 강론하므로 공개적으로는 처음으로 자신이 하나님의 친아들임을 나타내셨습니다.

38년 된 병자 이야기를 통해 **치유의 조건**은 무엇인지 알아보겠습니다.

더욱 부족함으로 치유를 받을 수 있었습니다

거기 서른여덟 해 된 병자가 있더라 예수께서 그 누운 것을 보시고 병이 벌써 오래된 줄 아시고 이르시되 **네가 낫고자 하느냐** 병자가 대답하되 주여 물이 움직일 때에 나를 못에 넣어 주는 사람이 없어 내가 가는 동안에 다른 사람이 먼저 내려가나이다 예수께서 이르시되 **일어나 네 자리를 들고 걸어가라** 하시니 그 사람이 곧 나아서 자리를 들고 걸어가니라(요 5:5-9)

예수님이 명절에 예루살렘에 올라가셔서 성전 문인 양문 곁 베데스다 연못에 가셨는데 행각(회랑) 다섯이 있고 많은 병자들이 누워있었습니다(3절). 병자들이 물의 움직임을 기다리는데 이는 천사가 못에 내려와서 물이 움직일 때 먼저 들어가는 자가 낫는다(4절)는 전승이 있었기 때문입니다. 성경에 대괄호 [ ]를 표시한 이유는 고대 희랍어 사본에는 없지만, 이해를 위해 후대에서 덧붙였다는 것입니다. 추측해보면 이 연못에는 간헐적 온천물이 유입되고 있었고 그것이 때때로 물의 진동을 일으켰을 것입니다. 당시 사람들은 이것을 천사들이 내려와서 물을 진동시키는 것으로 생각했을 것입니다. 고대인들의 증거에 의하면 물이 붉은색으로 철분이 함유되어 가끔 치료의 효능을 발휘하기도 했다고 합니다.

예수님은 38년 된 병자를 보시고 "네가 낫고자 하느냐" 물었습니다. 병이 낫고자 하는 의지가 있는지 물어보신 것입니다. 그런데 병자는 예수님이 누구인지 모르고 전승(미신)을 믿음으로 "물이 움직일 때 나를 못에 넣어주는 사람이 없어 다른 사람이 먼저 내려갔다"라고 대답했습니다(7절). 자신의 병이 낫지 못하는 이유가 물이 진동할 때에 먼저 내려가지 못해서라고 생각하고 있는 것입니다. 38년 된 병자는 엉뚱한 대답을 하고 자신을 낫게 해 줄 예수님이 바로 앞에 있는데도 깨닫지 못하고 있었습니다. 소망 없는 것을 붙들고 있는 병자에게 예수님께서 "일어나 네 자리를 들고 가라"고 말씀하셨습니다. 말씀하시자마자 38년 된 병자는 곧 나아서 자리를 들고 걸어갔습니다. 할렐루야!

나병 환자(막 1:40)	원하시면 저를 깨끗하게 하실 수 있나이다
중풍병자(막 2:5)	병자를 메고 온 네 사람의 믿음을 보고 병을 고쳐주었다
야이로의 딸(막 5:36)	믿기만 하면 치유된다
혈루병 여인(막 5:34)	네 믿음이 너를 구원하였다
신하의 아들(요 4:50)	가라 네 아들이 살아있다는 말씀을 믿었다
소경 바디매오(막 10:52)	네 믿음이 너를 구원하였다

이 치유 기적에서 특이한 점은 예수님께서 믿음이 전혀 없는 병자를 일방적으로 치유했다는 것입니다. 그런데 복음서에서 보면 예수님은 병을 고쳐주실 때 병자의 믿음을 보시고 치유해주었습니다. 위 사례에 나온 나병 환자, 중풍병자, 회당장 야이로의 딸, 혈루병 앓는 여인, 신하의 아들 모두 예수님은 병자의 믿음을 보고 병을 고쳐주었습니다. 이 중에 소경 바디매오 이야기가 대표적인데 그는 예수님을 향해 "나를 불쌍히 여기소서"하며 크게 두 번이나 소리쳤고, 예수님이 "네가 무엇을 원하느냐" 물으니 "주여 보기를 원하나이다"하며 낫고자 하는 강한 의지를 보여주었습니다. 예수님이 "네 믿음이 너를 구원하였다"고 하자 곧 보게 되어 하나님께 영광을 돌리며 예수님을 따르니 백성이 다 이를 보고 하나님을 찬양하였습니다.

그러면 38년 된 병자는 왜 치유를 해주었을까요?

이는 38년 된 병자가 예수님을 알지 못했지만, 예수님의 표적은 믿음의 결여에 제한되지 않기 때문입니다. 예수님은 이 표적을 통해 공생애 처음으로 공개적으로 자신이 하나님의 친 아들(NIV 요 5:18 own Father)임을 나타내고자 했습니다. 또 하나는 많은 병자가 베데스다 연못에 있었는데 대부분은 움직일 수 있어서 다른 사람들의 도움을 바라지 않았습니다. 그런데 38년 된 병자는 스스로 움직일 수 없었기 때문에 늘 두리번 거리며 도와줄 사람을 찾았습니다. 그러다 예수님과 눈이 마주쳤고 치유를 받을 기회를 얻은 것입니다.

성도 여러분 몸이 아픈 곳이 있습니까? 세상 약물에만 의존하고 있습니까? 내가 믿기는 하지만 믿음이 부족해서 기도가 부족해서 하나님께 치유받기 어렵다 포기하고 있습니까? 주님 앞에 나오십시오. 예배에 참여하십시오. 38년 된 병자와 같이 우리의 부족함으로 인해 치유의 은혜를 주셔서 깨끗이 낫게 될 것입니다.

다시는 죄를 범하지 말아야 합니다

> 그 후에 예수께서 성전에서 그 사람을 만나 이르시되 **보라 네가 나았으니 더 심한 것이 생기지 않게 다시는 죄를 범하지 말라** 하시니(요 5:14)

예수님께서 성전에서 38년 된 병자를 만나 "네가 나았으니 더 심한 것이 생기지 않게 다시는 죄를 범하지 말라"고 말씀하셨습니다(14절). 하나님께 은혜를 받아 병이 치유된 후에 다시 죄를 범하면 병이 재발하는데 더 심하게 재발한다는 것입니다. 우리가 더욱 부족함으로 치유를 받았다 하더라도 병이 심하게 재발하지 않도록 다시 죄를 범하지 말아야 합니다.

> 그러므로 한 사람으로 말미암아 죄가 세상에 들어오고 죄로 말미암아 사망이 들어왔나니 이와 같이 모든 사람이 죄를 지었으므로 사망이 모든 사람에게 이르렀느니라 (롬 5:12)

죄와 병 사이에 인과관계가 존재합니다. 아담이 선악과를 먹지 말라는 하나님의 명령을 어기고 선악과를 먹으므로 죄와 사망이 세상에 들어왔습니다(롬 5:12). 이를 원죄라고 합니다. 원죄로 인해 사람이 병에 걸리고 죽음에 이르게 되었습니다.

> 이에 가서 저보다 더 악한 귀신 일곱을 데리고 들어가서 거하니 그 사람의 나중 형편이 전보다 더욱 심하게 되느니라
> (마 12:45)

또한, 마태복음 12:43-45에서 귀신이 나가 치유되었던 사람이 죄를 지으면 전보다 더 악한 귀신 일곱이 들어가 그 사람의 나중 형편이 전보다 더욱 심하게 된다 하였습니다. 치유되었다가 다시 죄를 지어 "타락한 자들은 다시 새롭게 하여 회개하게 할 수 없는

데 이는 하나님의 아들을 다시 십자가에 못 박아 드러내 놓고 욕되게"하기 때문입니다(히 6:6). 정리하면 우리가 아픈 것은 아담의 원죄 때문인데 또다시 죄를 지으면 더 심한 것이 생길 수 있다는 것입니다. 여기서 죄는 예수님이 병을 고쳐주셨음에도 하나님의 아들 예수님을 믿지 않는 것이요 따르지 않는 것입니다. 그러므로 더 심한 병이 생기지 않도록 다시는 죄를 범하지 말아야 합니다. 예수님을 믿고 따르며 예배하고 기도해야 합니다.

하나님의 아들임을 믿어야 합니다

22 아버지께서 아무도 심판하지 아니하시고 심판을 다 아들에게 맡기셨으니
24 내 말을 듣고 또 나 보내신 이를 믿는 자는 영생을 얻었고 심판에 이르지 아니하나니 사망에서 생명으로 옮겼느니라
29 선한 일을 행한 자는 생명의 부활로, 악한 일을 행한 자는 심판의 부활로 나오리라(요 5:22, 24, 29)

이제 38년 된 병자는 예수님이 하나님의 아들임을 믿어야 합니다. 마침 예수님께서 병자를 고친 후에 공개적으로 자신에 대해서 말씀하셨습니다. 예수님은 하나님의 아들이므로 하나님께서 부활과 심판의 권세를 주셨습니다(22절). 그러므로 예수님을 믿는 사람들은 영생을 얻었고 심판에 이르지 않으며 사망에서 생명으로 옮겼습니다(24절). 또한 선한 일을 행한 자는 생명의 부활로, 악한 일

을 행한 자는 심판의 부활로 나오게 됩니다(29절). 선한 일은 믿음을 말하는 것입니다. 믿는 자는 생명의 부활로, 믿지 않는 자는 심판의 부활로 나오는 것입니다.

이런 예수님을 어떻게 믿을 수 있을까요? 증거가 있나요?

요한은 예수님이 하나님의 아들인 증거를 5가지(30-47절)로 정리했습니다. (1) 침례(세례) **요한**은 예수님을 "나보다 능력이 많으신 이가 오시나니 나는 그의 신발끈을 풀기도 감당하지 못한다. 그는 성령과 불로 침례(세례)를 베풀 것이다"라고 소개하며 진리에 대하여 증언했습니다(33절). (2) 요한복음에는 7가지 표적 등 예수님의 **사역**들이 증거입니다(36절). (3) **하나님**이 친히 증언했습니다(37절). 예수님이 요한에게 침례(세례)를 받으실 때 "내 사랑하는 아들이요 내 기뻐하는 자라"고 말씀하셨습니다(마 3:17). (4) **성경**이 증언했습니다(39절). ① 평강의 왕(사 9:6) ② 고난 받는 종(사 53:5) ③ 베들레헴에서 다스릴 자(미 5:2) ④ 구원을 베푸실 왕(슥 9:9)과 나귀 새끼(마 21:7) ⑤ 목자를 치라는 명령(슥 13:7; 마 26:56) (5) **모세**도 예수님에 대해서 기록했습니다(46절; 신 18:18 참고). 또한, 모세 율법 전체는 예수 그리스도로 말미암아 구원받을 수 있다는 것을 말해줍니다. 왜냐하면, 율법으로 죄를 깨닫고(롬 3:20) 율법이 그리스도께로 인도하는 초등교사가 되기 때문입니다(갈 3:24).

성도 여러분, 예수님은 하나님의 아들이요 부활과 심판의 권세를 받았습니다. 침례(세례) 요한, 표적, 하나님, 성경, 모세가 증언합니다. 예수님은 이 표적을 통해 공생애 처음으로 자신이 하나님의 친 아들임을 나타내고자 했기 때문에 38년 된 병자의 최종적인 치유 조건은 예수님이 하나님의 아들임을 믿어야 했던 것입니다. 38년 된 병자는 본인의 믿음이 없이 일방적인 하나님의 은혜로 치유를 받았기 때문에, 더는 죄를 짓지 않고 예수님이 하나님의 아들임을 믿어야 더 심하게 재발되지 않는 온전한 치유를 받게 되는 것입니다.

38년 된 병자의 치유 조건은

38년 된 병자는 더욱 부족함으로 치유를 받았습니다. 그러므로 더 심한 것이 생기지 않도록 다시는 죄를 범하지 말아야 합니다. 예수님이 하나님의 아들임을 믿어야 합니다. 사랑하는 성도여러분도 병 고침을 받고 죄를 범하지 말며 예수님이 하나님의 아들임을 믿어 온전한 치유의 은혜를 받으시기를 예수 그리스도의 이름으로 축복합니다.

38년 된 병자의 최종적인 치유 조건은
예수님이 하나님의 아들임을
믿는 것이었습니다.

09. 오병이어의 기적이 일어나려면

⑨ 오병이어 기적, 벳새다

예수께서 눈을 들어 큰 무리가 자기에게로 오는 것을 보시고 빌립에게 이르시되 **우리가 어디서 떡을 사서 이 사람들을 먹이겠느냐** 하시니 이렇게 말씀하심은 친히 어떻게 하실지를 아시고 빌립을 시험하고자 하심이라 빌립이 대답하되 각 사람으로 조금씩 받게 할지라도 이백 데나리온의 떡이 부족하리이다 제자 중 하나 곧 시몬 베드로의 형제 안드레가 예수께 여짜오되 여기 한 아이가 있어 보리떡 다섯 개와 물고기 두 마리를 가지고 있나이다 그러나 그것이 이 많은 사람에게 얼마나 되겠사옵나이까(요 6:5-9)

1) 성지 순례

① 오병이어교회

예수님이 어린아이가 가지고 있는 물고기 두 마리와 빵 다섯 개를 받아 축복기도 하시고 사람들에게 나누어주었다. 오천 명이나 되는 사람들이 먹고 남은 광주리가 열두 개나 되는 기적이 일어났다(마 14:13-21, 막 6:35-44, 눅 9:12-17, 요 6:5-14). 성경에는 오병이어의 기적이 벳새다에서 일어났다(눅 9:10)고 하는데 오병이어교회

오병이어교회 cafe.daum.net SongHanChurch

오병이어교회 내부

는 갈릴리 호수 북쪽 타브가에 있다. 교회 안 제단 아래에 있는 바위는 예수님이 빵과 물고기를 놓고 축사하셨던 곳으로 알려져 있다. 제단 앞 바닥에 물고기 두 마리와 빵 네 개가 그려진 모자이크가 있다. 빵이 한 개가 부족하다. 이는 실수가 아니고 일부러 네 개

오병이어 모자이크

베드로 물고기

만 만들었다는 해석이 많다. 보이지 않는 빵 한 개는 생명의 빵이 되신 예수님이라는 견해와 모자이크 바로 앞에 바위가 나머지 빵 한 개라는 해석이 있다. 빵은 중동에서 많이 먹는 속이 빈 '피타빵'이고 물고기는 '암눈'이라 불리는데 현재는 '베드로 물고기'로 알려져 있다.

2) 설교 말씀

예수님이 벳새다에서 오병이어로 오천 명을 먹인 이야기는 복음서의 기적 중에서 사복음서 모두에 기록되어 있는 유일한 사건입니다. 오병이어 이야기 전에 예수님은 열두 제자를 불러 둘씩 보내며 전도하게 하셨습니다. 제자들은 돌아와서 "회개하라 전파하고 많은 귀신을 쫓아내며 많은 병자를 고쳤다"고 예수님께 보고했습니다(막 6:7-13). 예수님이 "따로 한적한 곳에 가서 잠깐 쉬자"고 하여 함께 갈릴리 호수 건너편 벳새다로 갔습니다. 그것을 본 사람들이 모든 고을로부터 나와 도보로 먼저 그곳에 갔습니다. 제자들은 사람들이 따라와서 쉬지도 못했지만, 예수님은 큰 무리를 보시고 목자 없는 양 같아서 불쌍히 여기시어 병도 고쳐주고 하나님 나라의 일을 이야기해 주셨습니다(막 6:30-34). 그런데 때가 저물었습니다. 하루가 지났으니 모두 배가 고팠습니다. 그래서 제자들은 예수님께 "이곳은 빈 들이니 무리를 마을로 보내어 무엇을 사 먹게 하소서"라고 말씀드렸습니다.

오병이어의 기적이 일어나려면 어떤 믿음을 가져야 하는지 나누어 봅시다.

내게 있는 것을 드려야 합니다

빌립이 대답하되 각 사람으로 조금씩 받게 할지라도 이백 데나리온의 떡이 부족하리이다 제자 중 하나 곧 시몬 베드로의 형제 안드레가 예수께 여짜오되 여기 한 아이가 있어 보리떡 다섯 개와 물고기 두 마리를 가지고 있나이다 그러나 그것이 이 많은 사람에게 얼마나 되겠사옵나이까 (요 6:7-9)

예수님은 이 기적을 통해 메시아로서 자신을 드러내고 제자들의 믿음을 시험하고자 하셨습니다. 그래서 예수님은 빌립을 시험하고자 "우리가 어디서 떡을 사서 이 사람들을 먹이겠느냐"라고 질문하셨습니다. 모인 무리가 여자와 어린이 외에 오천 명이라 했으니 실제 인원은 만오천 여명 정도 될 것입니다(마 14:21). 이는 우리나라 잠실 실내 체육관을 꽉 채울 수 있는 인원입니다. 실로 어마어마한 숫자입니다. 빌립은 계산해 본 후 "각 사람으로 조금씩 받게 할지라도 이백 데나리온의 떡이 부족하다"고 대답했습니다. 한 데나리온은 성인 남자 하루 일당인데 우리나라로 치면 8만원 정도됩니다. 8만원 곱하기 200데나리온 하면 1,600만원이고 이를 다시 만오천 명으로 나누면 1인당 천 원 정도 되는 금액입니다.

그럼 빌립은 대답을 잘 했을까요?

예수님은 "어디서 떡을 사느냐"라고 질문했는데 빌립은 "이백 데나리온의 떡이 부족하다"라고 대답했습니다. 동문서답을 한 것이지요. 빌립은 이 계산을 암산으로 한 천재적인 능력을 가졌지만, 예수님의 질문에 잘못된 답변을 한 것입니다. 우리가 탁월

한 능력을 가졌어도 주님의 말씀을 귀 기울여 듣지 않으면 아무 쓸모가 없는 것입니다. 베드로의 동생 안드레가 예수님께 "여기 한 아이가 있어 보리 떡 다섯 개와 물고기 두 마리를 가지고 있나이다. 이 많은 사람에게 얼마나 되겠습니까?"하고 말했습니다. 빈들에 만여 명의 어른들이 있었지만 안드레와 같이 생각하여 가지고 온 것을 꺼내어 예수님께 드리는 사람이 없었습니다. 하지만 어린아이는 자기가 갖고 온 것을 예수님에게 아낌없이 드렸습니다.

오병이어의 기적은 어린아이와 같이 부족하지만 내게 있는 것을 주님께 드릴 때 일어나는 것입니다. 만약 아무도 드리는 사람이 없었다면 이 기적은 일어나지 않았을 것입니다. 그러므로 이런 기적이 일어나려면 내게 있는 것을 드려야 합니다.

주님의 축사에 동참해야 합니다

예수님은 만오천 명의 사람들을 오십 명씩 앉게 하고, 떡 다섯 개와 물고기 두 마리를 가지사 하늘을 우러러 축사하시고, 제자들에게 주어 사람들에게 나누어주게 하셨습니다(막 6:39-41). 워낙 많은 사람이 있는 만큼 질서가 필요했습니다. 서로 먼저 달라고 아우성치는 상황에서는 능력의 기도를 할 수 없습니다. 그래서 사람들을 50명씩 앉게 하여 질서 있는 상태에서 예수님은 떡과 물고기를 가지고 축사하셨습니다. 작은 물질을 드리지만, 하나님께 감사할 때 기적은 일어납니다. 그래서 기적을 일으키는 능력의 기도를 축사(감사를 비는)라고 하는 것입니다.

> 제자들에게 명하사 그 모든 사람으로 떼를 지어 푸른 잔디 위에 앉게 하시니 떼로 백 명씩 또는 오십 명씩 앉은지라 예수께서 떡 다섯 개와 물고기 두 마리를 가지사 하늘을 우러러 축사하시고 떡을 떼어 제자들에게 주어 사람들에게 나누어 주게 하시고 또 물고기 두 마리도 모든 사람에게 나누시매(막 6:39-41)

예수님은 축사하신 후 떡을 떼어 제자들에게 나누어주게 함으로 제자들을 기적 역사에 동참시켰습니다. 오병이어의 기적은 질서 있는 상태에서 예수님이 축사하시고 제자들이 동참하여 일어났던 것입니다. 만약 제자들이 인간적인 판단과 이성으로 생각하여 "기껏 이 정도 양으로 이 많은 사람을 어떻게 먹이지?"하며 나누어 주기를 계속 거부했다면 오병이어의 기적은 일어나지 않았을 것입니다. 가나 혼인 잔치에서 물로 포도주를 만들었을 때도 하인들이 동참하여 이런 기적이 일어났던 것입니다. 성도 여러분, 오병이어의 기적은 주님께서 축사하시고 제자들이 동참하여 일어났습니다. 주님께서는 종종 표적을 우리와 함께 행하십니다. 그러므로 제자들처럼 주님의 표적에 동참하는 은혜가 있기를 바랍니다.

하나님께 영광을 돌려야 합니다

> 이에 거두니 보리떡 다섯 개로 먹고 남은 조각이 열두 바구니에 찼더라 그 사람들이 예수께서 행하신 이 표적을 보고 말하되 이는 참으로 세상에 오실 그 선지자라 하더라 그러므로 예수께서 그들이 와서 자기를 억지로 붙들어 임금으로 삼으려는 줄 아시고 다시 혼자 산으로 떠나 가시니라(요 6:13-15)

예수님께서 축사하시고 나누어주니 모두 다 배불리 먹었습니다(막 6:42). 예수님이 "남은 조각을 거두고 버리는 것이 없게 하라"고 하시므로 거두니 먹고 남은 조각이 열두 바구니였습니다. 이렇게 하나님께서 베푸시는 은혜는 언제나 풍성하고 충만합니다.

> 네 하나님 여호와께서 너희 가운데 네 형제 중에서 너를 위하여 나와 같은 선지자 하나를 일으키시리니 너희는 그의 말을 들을지니라(신 18:15)

사람들은 오병이어의 표적을 보고 예수님을 "참으로 세상에 오실 그 선지자(14절)"로 인정했습니다. 그 선지자는 신명기 18:15에 나오는데 모세가 "나와 같은 선지자가 오리라"고 예언했으므로 메시아, 그리스도를 말합니다. 하지만 사람들은 예수님을 억지로 붙들어 세상일을 해결해 줄 임금으로 삼고자 했습니다(15절). 예수님은 죄의 문제를 해결하고 사람들을 구원하여 하나님의 나라를 세우고자 오셨는데 사람들은 로마의 세력을 물리치고 이스라엘을 독립시켜 잘 살게 해줄 유대인의 왕으로 삼고자 했습니다.

> 말 못하는 사람이 말하고 장애인이 온전하게 되고 다리 저는 사람이 걸으며 맹인이 보는 것을 무리가 보고 놀랍게 여겨 이스라엘의 하나님께 영광을 돌리니라(마 15:31)

　　예수님은 오병이어의 기적으로 풍성한 은혜를 주셨지만, 사람들은 자기 잇속만 챙기려 하고 하나님께 영광을 돌리지 않았습니다. 복음서에선 예수님이 병을 치료해주시면 대부분 하나님께 영광을 돌렸습니다. 중풍병자(눅 5:25), 나병환자(눅 17:15), 맹인(눅 18:43)이 하나님께 영광을 돌렸습니다. 마태복음 15:31에선 말 못 하는 사람이 말하고 장애인이 온전하게 되고 다리 저는 사람이 걸으며 맹인이 보는 것을 무리가 보고 놀랍게 여겨 하나님께 영광을 돌렸습니다. 병자 외에도 지켜보던 무리가 하나님께 영광을 돌렸습니다. 성도 여러분, 하나님께서 풍성한 은혜를 주신 것을 감사하고 하나님께 영광을 돌려야 합니다. 하나님을 삶을 위한 도구로 생각하고 하나님께 영광을 돌리지 않는다면 다음에는 오병이어의 기적 같은 복을 주시지 않을 것입니다. 따라서 이런 기적이 일어나려면 하나님께 영광을 돌려야 합니다.

오병이어의 기적이 일어나려면

이런 기적이 일어나려면 어린아이와 같이 내게 있는 것을 드려야 합니다. 제자들과 같이 주님의 축사에 동참해야 합니다. 하나님께 영광을 돌려야 합니다. 내게 있는 것을 드리고, 주님의 축사에 동참하며 하나님께 영광을 돌려 우리 삶 가운데 오병이의 기적을 체험하는 성도들이 되기를 예수 그리스도의 이름으로 축복합니다.

하나님을 삶을 위한 도구로 생각하고
하나님께 영광을 돌리지 않는다면 다음에는
오병이어의 기적 같은 복을 주시지 않을 것입니다.

10. 실로암 맹인의 믿음

⑩ 실로암 맹인, 예루살렘 실로암 못

> 예수께서 길을 가실 때에 날 때부터 맹인 된 사람을 보신지라 제자들이 물어 이르되 랍비여 이 사람이 맹인으로 난 것이 누구의 죄로 인함이니이까 자기니이까 그의 부모니이까 예수께서 대답하시되 **이 사람이나 그 부모의 죄로 인한 것이 아니라 그에게서 하나님이 하시는 일을 나타내고자 하심이라** … 내가 세상에 있는 동안에는 세상의 빛이로다 이 말씀을 하시고 땅에 침을 뱉어 진흙을 이겨 그의 눈에 바르시고 이르시되 **실로암 못에 가서 씻으라** 하시니 (실로암은 번역하면 보냄을 받았다는 뜻이라) 이에 가서 씻고 밝은 눈으로 왔더라(요 9:1-7)

1) 성지 순례

① 히스기야 터널

다윗 왕은 예루살렘 최초의 성(다윗성)을 기드론 골짜기에 있는 기혼샘(Gihon, 처녀의 샘) 옆에 세웠다. B.C. 701년 봄 앗시리아의 산헤립 왕은 맹렬한 기세로 유다를 공격했다. 이미 라기스를 함락하고 유다의 수도인 예루살렘으로 올라오고 있었다. 산헤립이 침공할 경우 예루살렘 성문을 모두 닫아야 하는데 성 안 사람들이 먹

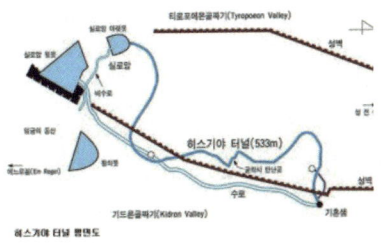
히스기야터널지도
blog.daum.net kwon1564

히스기야터널
cafe.daum.net dwk0865

는 샘물은 성 밖에 있는 기혼샘 뿐이었다. 히스기야 왕은 기혼샘부터 터널을 뚫어 성 안에 실로암 못과 연결하기로 하고 암반을 파들어가는 대 공사를 시작했다(대하 32:30). 히스기야 터널은 2500여 명의 사람들이 암반 터널 공사에 참여했는데 기혼샘과 실로암 양쪽에서 서로 파들어가는 형식의 공사를 했는데도 15cm 정도 오차 밖에 없었다고 한다. S자 형태로 된 이 터널은 길이가 1200규빗(525m)인데 양쪽의 고저 차이가 32cm 밖에 안 난다. 터널 내부는 한 사람이 지나갈 수 있을 만큼의 폭과 약 2m 정도의 높이이며 차가운 샘물이 흐르고 있다. 터널을 통과하는데 30분 정도 걸린다.

② 실로암 못

1880년에 터널 비문이 실로암 못 가까운 터널에서 발견되었다. 실로암 못은 히스기야 왕이 만들었는데 기혼샘으로부터 물을 받는 물 저장소이다. 이 못은 예수님께서 날 때부터 맹인이었던 사람

히스기야터널 비문 cafe.daum.net bkt6707.net

의 눈에 진흙을 바르고 못의 물로 씻게 해 시력을 되찾게 한 표적을 베푼 장소이다. "이에 가서 씻고 밝은 눈으로 왔더라"(요 9:7).

실로암 못
cafe.daum.net SongHanChurch

2) 설교 말씀

예수님이 오병이어의 표적을 행한(요 6장) 이후에 "예수님이 누구인가?"라는 논쟁이 일었습니다. 사람들은 이 표적을 보고 "세상에 오실 그 선지자"(요 6:14)라 했습니다. 이후 예수님은 자신을 생명의 떡(6장), 세상의 빛(8장), 선한 목자(10장)라 하셨습니다. 이런 와중에 예수님은 실로암 못 인근을 지나가시게 되었습니다. 예수님은 이 곳에서 날 때부터 맹인 된 사람을 고치셨습니다. 이 사람이 치유받으면서 보인 참된 믿음의 모습은 후세에 은혜 받은 자들에 대한 믿음의 본이 되었습니다.

맹인 치유 사건을 통해 '예수님이 누구'시고 **'맹인의 믿음'은 어떠했는지** 알아보겠습니다.

맹인은 예수님의 말대로 순종함으로 눈을 떴습니다

예수께서 길을 가실 때에 날 때부터 맹인 된 사람을 보신지라 제자들이 물어 이르되 랍비여 이 사람이 맹인으로 난 것이 누구의 죄로 인함이니이까 자기니이까 그의 부모니이까 예수께서 대답하시되 **이 사람이나 그 부모의 죄로 인한 것이 아니라 그에게서 하나님이 하시는 일을 나타내고자 하심이라**(요 9:1-3)

제자들이 날 때부터 맹인 된 사람을 보고 예수님께 "이 사람이 맹인으로 난 것이 누구의 죄입니까?"라고 물었습니다. 예수님은

"이 사람이나 부모의 죄로 인한 것이 아니라 그에게서 하나님이 하시는 일을 나타내고자 하심이라"라고 대답하셨습니다.

① 개인의 죄

범죄하는 그 영혼은 죽을지라 아들은 아버지의 죄악을 담당하지 아니할 것이요 아버지는 아들의 죄악을 담당하지 아니하리니 의인의 공의도 자기에게로 돌아가고 악인의 악도 자기에게로 돌아가리라(겔 18:20)

② 조상의 죄

너희의 죄악과 너희 조상들의 죄악은 한 가지니 그들이 산 위에서 분향하며 작은 산 위에서 나를 능욕하였음이라 그러므로 내가 먼저 그들의 행위를 헤아리고 그들의 품에 보응하리라 여호와가 말하였느니라(사 65:7)

③ 원죄

아담에게 이르시되 네가 네 아내의 말을 듣고 내가 네게 먹지 말라 한 나무의 열매를 먹었은즉 땅은 너로 말미암아 저주를 받고 너는 네 평생에 수고하여야 그 소산을 먹으리라 (창 3:17)

구약에서는 질병, 장애, 고난은 개인의 죄(겔 18:20), 조상의 죄(사 65:7)로 인한 징벌이라고 하였지만, 날 때부터 맹인 된 사람은 원죄(창 3:17)의 결과라 할 수 있습니다. 여기에 추가하여 예수님은 "하나님이 하시는 일을 나타내고자 하심이라"라고 말씀하신 것입니다.

> 하나님이 하시는 일 즉, 성부의 일은 무엇인가요?

> 때가 아직 낮이매 나(단수)를 **보내신 이의 일**을 우리(복수)가 하여야 하리라 밤이 오리니 그 때는 아무도 일할 수 없느니라(요 9:4)
> 하나님이 세상을 이처럼 사랑하사 독생자를 주셨으니 이는 그를 믿는 자마다 멸망하지 않고 영생을 얻게 하려 하심이라(요 3:16)

4절에서 "나(단수)를 보내신 이의 일을 우리(복수)가 하여야 한다"고 했는데 성부의 일은 "독생자 예수 그리스도를 보내어 그를 믿는 자마다 영생을 얻게 하는 것"입니다. 그리고 그 성부의 일을 이 땅에서 예수 그리스도와 함께 우리(성도들)가 이루어나가야 하는 것입니다.

> **내가 세상에 있는 동안에는 세상의 빛이로다** 이 말씀을 하시고 땅에 침을 뱉어 진흙을 이겨 그의 눈에 바르시고 이르시되 **실로암 못에 가서 씻으라** 하시니 이에 가서 씻고 밝은 눈으로 왔더라(요 9:5-7)

예수님은 자신을 '세상의 빛'이라(5절) 하셨는데 하나님을 계시하여 하나님을 알리고 어둠의 세상을 구원한다는 의미입니다. 예수님은 실로암 못에서 날 때부터 맹인 된 사람의 눈을 뜨게 함으로 이를 증명했습니다. 예수님은 땅에 침을 뱉어 진흙에 이겨 맹인의 눈에 바르시고 실로암 못에 가서 씻으라 했습니다. 맹인은 군소리 없이 바로 가서 씻고 밝은 눈으로 왔습니다.

이는 엘리사에게 온 문둥병자 나아만 장군이 연상되지요?

> 10 엘리사가 사자를 그에게 보내 이르되 너는 가서 요단 강에 몸을 일곱 번 씻으라 네 살이 회복되어 깨끗하리라 하는지라
>
> 14 나아만이 이에 내려가서 하나님의 사람의 말대로 요단 강에 일곱 번 몸을 잠그니 그의 살이 어린 아이의 살 같이 회복되어 깨끗하게 되었더라 (왕하 5:10, 14)

열왕기하 5장에서 아람 왕의 군대 장관 나아만이 문둥병을 고치고자 엘리사에게 왔는데 엘리사가 나아만에게 사환을 보내어 "요단강에 가서 몸을 일곱 번 씻으라 네 살이 회복되어 깨끗하리라" 전했습니다. 나아만이 분노하여 "아니 이 먼 곳까지 왔는데 당연히 내게로 와서 하나님의 이름을 부르고 손을 부위 위에 흔들어 나병을 고쳐야지 이스라엘 강물은 별로 좋지도 않은데 한 번도 아니고 일곱 번이나 씻으라 하느냐 차라리 물 좋은 다메섹 강에서 씻는 게 낫겠다"하고 떠났습니다. 그러자 종들이 난리가 났습니다.

어려운 일도 아니고 먼 곳까지 왔는데 낫기 위해서는 비록 '장군' 일지라도 순종해야 한다고 생각했던 것입니다. 그래서 종들이 나아만에게 "선지자가 더 어려운 큰일을 행하라 했어도 행했을 텐데 씻어 깨끗하게 하라는 것은 당연히 행해야 합니다"라고 말했습니다. 나아만은 강권함에 못 이겨 내려가서 하나님 사람의 말대로 요단강에 일곱 번 몸을 잠그니 그의 살이 어린아이의 살 같이 회복되어 깨끗하게 되었습니다. 하나님의 사람의 말대로 순종하여 행하니 문둥병이 치유된 것입니다. 실로암 맹인도 "아니 병이 확 낫는 특효약을 줘야지 진흙을 이겨 눈에 바르고 실로암에 씻는다고 낫습니까? 매일 아침 실로암 물로 세수해도 아무 효능도 없어요"하고 불순종했다면 눈을 뜨지 못했을 것입니다.

실로암 못에 가서 씻으라 하시니 이에(So) 가서 씻고 밝은 눈으로 왔더라(요 9:7)

7절에서 보면 '씻으라'와 '가서 씻고' 사이 중간에 '이에(So)' 밖에 없습니다. 씻으라는 예수님의 말에 맹인은 '즉시' 가서 씻음으로 눈을 떴습니다. 씻으라는 예수님의 말대로 순종하여 행하니 치유가 된 것입니다. 성도 여러분, 고난과 질병, 어려움이 있습니까? 하나님께서 내게 말씀하시는 대로 순종하여 행함으로 질병을 치유받고 고난을 이겨나가야 합니다. 맹인은 예수님의 말대로 순종하여 행함으로 눈을 떴습니다.

맹인되었던 자는 예수님을 증언했습니다

11 대답하되 **예수라 하는 그 사람**이 진흙을 이겨 내 눈에 바르고 나더러 실로암에 가서 씻으라 하기에 가서 씻었더니 보게 되었노라(이웃 사람들에게)

17 이에 맹인되었던 자에게 다시 묻되 그 사람이 네 눈을 뜨게 하였으니 너는 그를 어떠한 사람이라 하느냐 대답하되 **선지자**니이다 하니(바리새인들)

33 이 사람이 **하나님께로부터 오지** 아니하였으면 아무 일도 할 수 없으리이다(바리새인들에게)(요 9:11, 17, 33)

맹인되었던 자는 이웃 사람들에게 '예수라는 사람'(11절)이라 했고 바리새인들에게 '선지자'(17절) 그리고 '하나님께로부터 온 자'(33절)라고 세 번이나 증언했습니다. 처음엔 예수라는 사람이라고 했지만, 증언을 거듭할수록 선지자, 하나님께로부터 온 자로 구체화되었습니다. 하지만 이런 고백과 증언의 결과는 가혹했습니다. 유대인들은 누구든지 예수를 그리스도로 시인하는 자는 출교하기로 결의했으므로(22절) 맹인되었던 자에게 "네가 죄 가운데서 나서 우리를 가르치느냐"하며 출교시켰습니다(34절). 맹인은 순종함으로 눈을 떴지만, 예수님을 증언함으로 핍박을 받고 출교를 당했습니다. 예수님의 제자들도 예수님을 증언함으로 대부분 죽임을 당했고 끝까지 살아남아 요한계시록을 쓴 요한도 밧모섬에 유배되었습니다(계 1:9). 말세에는 성도들이 예수를 증언함으로 핍박을 받을 것입니다(계 2:10).

> 너는 장차 받을 고난을 두려워하지 말라 볼지어다 마귀가 장차 너희 가운데서 몇 사람을 옥에 던져 시험을 받게 하리니 너희가 십 일 동안 환난을 받으리라 네가 죽도록 충성하라 그리하면 내가 생명의 관을 네게 주리라(계 2:10)

성도 여러분, 예수님의 말대로 순종함으로 질병을 치유받고 고난도 이길 수 있지만, 예수를 증언함으로 핍박을 받을 수 있습니다. 하지만 이기는 자에게는 상을 주실 것입니다(계 2:7, 11, 17, 26; 3:21; 20:4; 21:6-7).

이기는 자에 대한 축복

> 하나님의 낙원에 있는 생명나무의 열매를 주어 먹게 하리라(계 2:7)
> 이기는 자는 둘째 사망의 해를 받지 아니하리라(계 2:11)
> 이기는 그에게는 내가 감추었던 만나를 주고(계 2:17)
> 끝까지 내 일을 지키는 그에게 만국을 다스리는 권세를 주리니(계 2:26)
> 이기는 그에게는 내가 내 보좌에 함께 앉게 하여 주기를(계 3:21)
> 그리스도와 더불어 천 년 동안 왕 노릇하니(계 20:4)
> 내가 생명수 샘물을 목 마른 자에게 값없이 주리니(계 21:6)
> 이기는 자는 이것들을 상속으로 받으리라(계 21:7)

맹인되었던 자는 예수님께 경배했습니다

35 예수께서 그들이 그 사람을 쫓아냈다 하는 말을 들으셨더니 그를 만나사 이르시되 **네가 인자를 믿느냐**

38 이르되 주여 내가 믿나이다 하고 절하는지라

39 예수께서 이르시되 **내가 심판하러 이 세상에 왔으니 보지 못하는 자들은 보게 하고 보는 자들은 맹인이 되게 하려함이라** 하시니 (요 9:35, 38-39)

35절에서 예수님은 맹인되었던 자가 쫓겨났다는 소식을 듣고 찾아오셨습니다. 예수님은 그의 출교된 딱한 사정은 물론 사람들에게 한 증언도 들으셨습니다. 예수님은 그의 신앙고백과 증언을 인정해주시고 고난을 위로해주셨습니다. 주님은 의를 위해 고난받는 자기 백성들을 외면하지 않고 홀로 두지 않으실 것입니다. 예수님께서 "네가 인자를 믿느냐"라고 물으셨습니다. 이 인자는 하나님 나라의 구원자와 심판자 신분을 말합니다(39절). 맹인되었던 자가 "주여 믿나이다"하고 예수님께 절했습니다. 절하였다는 것은 경배했다는 것입니다. 이는 예수를 나의 구주로 삼고 내 인생을 전부 주님께 맡기겠다는 신앙고백입니다. 또한 경배는 구체적으로 예배와 찬양을 통해서 하나님께 영광을 돌리는 것입니다. 성도 여러분 참된 신앙의 가장 극적인 절정은 예배와 찬양입니다. 코로나로 인하여 예배와 찬양을 제한받고 있습니다. 온라인 예배를 드리더라도 마음과 뜻과 정성을 다하여 하나님께 경배와 찬양과 영광을 올려드려야 합니다.

맹인의 믿음은 어떠했는지

　맹인은 예수님의 말대로 순종함으로 눈을 떴습니다. 맹인되었던 자는 사람들에게 예수님을 증언했습니다. 예수님께 경배했습니다. 맹인되었던 자의 믿음을 본받아 예수님의 말대로 순종하고 예수님을 증언하며 경배하는 성도들이 되기를 예수 그리스도의 이름으로 축복합니다.

예수님은 자신을 '세상의 빛'이라고 하셨는데
이는 하나님을 계시하여 하나님을 알리고
어둠의 세상을 구원한다는 의미입니다.

11. 예수님의 표적에 동참하는 믿음

⑪ 나사로 부활, 베다니

어떤 병자가 있으니 이는 마리아와 그 자매 마르다의 마을 베다니에 사는 나사로라 이 마리아는 향유를 주께 붓고 머리털로 주의 발을 닦던 자요 병든 나사로는 그의 오라버니더라 이에 그 누이들이 예수께 사람을 보내어 이르되 주여 보시옵소서 사랑하시는 자가 병들었나이다 하니 예수께서 들으시고 이르시되 **이 병은 죽을 병이 아니라 하나님의 영광을 위함이요 하나님의 아들이 이로 말미암아 영광을 받게 하려 함이라** 하시더라(요 11:1-4)

1) 성지 순례

① 나사로 무덤

나사로 무덤은 베다니에 있다. 베다니는 예루살렘에서 감람산을 넘어 동쪽 기슭에 있다. 이곳에 예수님의 친구인 나사로, 마르다, 마리아 가족이 살았고 예수님이 예루살렘에서 말씀을 전할 때에는 나사로 집에서 자주 머물렀다. 어느 날 나사로가 병이 들어 누이들이 예수님께 사람을 보내어 알렸다. 예수님은 "이 병은 죽을 병이 아니라 하나님의 영광을 위함이요 하나님의 아들이 이로 말미암아 영광을 받게 하려 함이라"고 말씀하셨다. 예수님이 나사로의 무덤

나사로 무덤 blog.daum.net s5656123

나사로 무덤 내부 blog.daum.net js4bs

에 와서 이 말씀을 하시고 큰 소리로 **나사로야 나오라** 부르시니 죽은 자가 수족을 베로 동인 채로 나오는데 그 얼굴은 수건에 싸였더라 예수께서 이르시되 **풀어 놓아 다니게 하라**고 하셨다(요 11:43-44). 16세기경 프란체스카 교회에서 무덤 위의 바위를 파내고 통로를 만들었다.

2) 설교 말씀

베다니에 사는 나사로가 병이 들어 누이들(마르다, 마리아)이 예수님께 사람을 보내어 알렸습니다. 예수님은 "이 병은 죽을 병이 아니라 하나님의 영광을 위함이요 하나님의 아들이 이로 말미암아 영광을 받게 하려 함이라"고 말씀하셨습니다. 그런데 예수님은 바로 가시지 않고 이틀을 더 유하셨습니다. 그리고 제자들에게 "친구 나사로가 잠들었으니 깨우러 간다"고 하니 제자들은 "잠들었으니 낫겠나이다"라고 대답했습니다. 예수님은 죽은 것을 잠들었다고 말씀하셨는데, 제자들이 진짜 잠들었다고 믿어서 "나사로가 죽었다"고 밝히 말씀하셨습니다. 예수님은 자신이 나사로 집에 있지 않아서 (나사로가 죽은 것을) 기뻐하셨는데, 이는 제자들이 부활의 능력을 봄으로써 예수님을 믿게 하려 함이었습니다(15절). 이런 나사로 부활 사건의 목적은 첫째, 하나님의 아들이 영광을 받게 하고 둘째, 예수님의 죽음과 부활을 예시하는 데 있습니다.

나사로의 부활 이야기를 통해 **예수님의 표적에 동참하는 믿음을 가지려면** 어떻게 해야 하는지 알아보겠습니다.

마르다처럼 이제라도 무엇이든지 구하는 믿음을 가져야 합니다

> 예수께서 와서 보시니 나사로가 무덤에 있은 지 이미 나흘이라 베다니는 예루살렘에서 가깝기가 한 오 리쯤 되매 많은 유대인이 마르다와 마리아에게 그 오라비의 일로 위문하러 왔더니(요 11:17-19)

예수님이 요단강 저편 요한이 침례(세례) 베풀던 곳에 가서 거기 거하시다가(요 10:40) 와서 보니 나사로가 무덤에 있은 지 이미 나흘이 되었습니다(17절). 예수님은 소식을 받기까지 하루가 걸렸고 이후 이틀을 더 유하셨으며 나사로 집에 오는데, 하루가 걸려 합해서 나흘 만에 나사로 집에 온 것입니다. 그러므로 소식을 받았을 땐 이미 나사로는 죽었고 예수님도 14절에서 "나사로가 죽었다"고 말씀하셨습니다. 유대인들의 전통에 따르면 죽은 자의 혼이 사흘 동안 시체 주변에 머문다는 사상이 있습니다. 그래서 나흘이 되면 더는 살아날 소망이 없는 것입니다. 따라서 예수님은 나사로가 죽기를 기다린 것이 아니고 죽은 지 사흘이 지나 인간적인 소망이 더는 없을 때 나사로 집에 온 것입니다. 유대인들은 사람이 죽으면 하루 만에 장사를 지내고 엿새 동안 죽은 자를 애도합니다. 장례식 기간은 7일이라 나흘이 지났지만, 조문객들이 있는 것입니다(19절).

마르다가 예수께 여짜오되 주께서 여기 계셨더라면 내 오라버니가 죽지 아니하였겠나이다 그러나 나는 **이제라도** 주께서 **무엇이든지** 하나님께 구하시는 것을 하나님이 주실 줄을 아나이다 예수께서 이르시되 **네 오라비가 다시 살아나리라** 마르다가 이르되 마지막 날 부활 때에는 다시 살아날 줄을 내가 아나이다(요 11:21-24)

마르다는 예수님이 오신다는 말을 듣고 나가 맞이하고 마리아는 집에 앉아 조문객을 맞고 있었습니다. 마르다가 예수님께 "주께서 여기 계셨더라면 내 오라버니가 죽지 아니하였겠나이다. 이제라도 주께서 무엇이든지 하나님께 구하시는 것을 하나님이 주실 줄 아나이다"라고 말했습니다. 마르다는 이제라도 무엇이든지 하나님께 구하면 은혜를 주시리라는 믿음을 가졌습니다. 마르다와 같이 이제라도 무엇이든지 구하는 믿음을 가져야 합니다. 예수님은 "네 오라비가 다시 살아나리라"라고 밝히 말씀하셨습니다. 그런데 마르다는 이 부활이 현재의 부활이 아니라 마지막 날(the End of the World)의 부활로 알아들었습니다. 그래서 마르다는 "마지막 날 부활 때에는 다시 살아날 줄을 내가 아나이다"라고 대답했습니다.

예수께서 이르시되 **나는 부활이요 생명이니 나를 믿는 자는 죽어도 살겠고 무릇 살아서 나를 믿는 자는 영원히 죽지 아니하리니 이것을 네가 믿느냐** 이르되 주여 그러하외다 주는 그리스

도시요 세상에 오시는 하나님의 아들이신 줄 내가 믿나이다
(요 11:25-27)

그래서 예수님은 "나는 부활이요 생명이니 나를 믿는 자는 죽어도 살겠고 무릇 살아서 나를 믿는 자는 영원히 죽지 아니하리라"라고 말씀하셨습니다. "나를 믿는 자는 죽어도 살겠고"라는 마지막 날의 부활뿐만 아니라 "살아서 나를 믿는 자는 영원히 죽지 아니하리라"라는 현재적 부활도 말씀하신 것입니다. 그리고 예수님이 마르다에게 "이것을 믿느냐"고 묻자 마르다는 "네, 주는 그리스도시요 세상에 오시는 하나님의 아들이신 줄 믿나이다"라고 대답했습니다. 마르다는 수제자 베드로가 말했던 "주는 그리스도시요 살아 계신 하나님의 아들이라"(마 16:16)라는 신앙고백과 같은 수준의 믿음을 가진 것입니다.

이와 비슷한 사례로 마가복음 5:35-43에서 회당장 야이로의 딸이 죽었는데 예수님은 회당장에게 "두려워하지 말고 믿기만 하라"고 말씀하시고 소녀의 손을 잡고 "달리다굼 소녀여 일어나라"고 하시니 소녀가 곧 일어나 걸었습니다. 예수님이 표적을 베푸실 때, '이제라도'(소녀가 이미 죽음), '무엇이든지'(죽은 자의 부활) 구하면 하나님께서 주실 줄 믿기만 하면 되는 것입니다. 그러므로 예수님의 표적에 동참하는 믿음을 가지려면 회당장 야이로나 마르다와 같이 '이제라도'(희망이 없는 늦은 시기일지라도), '무엇이든지'(불가능한 일이든지) 구하는 믿음을 가져야 합니다.

사람들처럼 예수님의 말씀에 순종해야 합니다

예수께서 이르시되 **돌을 옮겨 놓으라** 하시니 그 죽은 자의 누이 마르다가 이르되 주여 죽은 지가 나흘이 되었으매 벌써 냄새가 나나이다 예수께서 이르시되 **내 말이 네가 믿으면 하나님의 영광을 보리라 하지 아니하였느냐** 하시니 돌을 옮겨 놓으니 예수께서 눈을 들어 우러러 보시고 이르시되 **아버지여 내 말을 들으신 것을 감사하나이다**
(요 11:39-41)

예수님은 마리아와 함께 온 사람들이 우는 것을 보시고 비통히 여기시고 불쌍히 여기셨습니다(33-35절). 예수님이 "그를 어디 두었느냐"고 물으니 누군가 "주여 와서 보시옵소서"라고 하니 예수님은 눈물을 흘리셨습니다. 이는 사람들의 불신앙에 대한 비통함과 슬픔에 대한 동정심의 눈물을 흘리신 것입니다. 예수님께서 무덤에 가시니 무덤이 굴이라 돌로 막았거늘 "돌을 옮겨 놓으라"고 하시니 마르다가 "죽은지 나흘이 되어 냄새가 납니다"라고 대답했습니다. 마르다는 아직도 성숙한 신앙의 모습을 보이지 못했습니다. 예수님이 "네가 믿으면 하나님의 영광을 보리라"라고 말씀하시니 사람들은 말씀에 순종하여 무덤을 막았던 돌을 옮겨 놓았습니다. 예수님은 "아버지여 내 말을 들으신 것을 감사하나이다"라고 소리를 내어 기도했습니다. 이는 아버지 하나님께서 나사로의 부활을 통해 아들 예수님을 보내신 것을 사람들로 믿게 하려는 것이었습니다(42절). 사람들은 믿음이 부족했지만 그래도 예수님을 믿고 돌을 옮겨 놓으라는 말씀에 순종하여 돌을 옮겨 놓았습니다. 만약 사람들이 순종하지 않고 돌을 옮겨 놓지 않으면 나사로의 부활은 그만큼 지연되었을 것입니다. 그러므로 예수님의 표적에 동참하는 믿음을 가지려면 사람들처럼 예수님의 말씀에 순종해야 합니다.

나사로처럼 예수님의 명령에 즉시 반응해야 합니다

> 이 말씀을 하시고 큰 소리로 **나사로야 나오라** 부르시니 죽은 자가 수족을 베로 동인 채로 나오는데 그 얼굴은 수건에 싸였더라 예수께서 이르시되 **풀어 놓아 다니게 하라** 하시니라(요 11:43-44)

예수님이 큰 소리로 "나사로야 나오라"라고 부르시니 나사로가 부활하였습니다. 그리고 온몸을 베로 동이고 얼굴은 수건에 싸인 채 무덤에서 나왔습니다(43-44절). 그런 상황에서 어떻게 나올 수 있었을까요? 사실 보통의 경우에도 그렇게 묶인 채로 걷기는 여간 어려운 것이 아니었을 것입니다. 그런 상황에서 나사로는 예수님의 "나오라"는 음성을 들은 것입니다. 나사로가 "아니 이렇게 꽁꽁 싸매어 말도 못 하고 그냥 일어나라 해도 어려운데 시체를 안치한 좁은 구멍에서 빠져나와 무덤 밖까지 나오라면 어떻게 나가나?"하고 포기했다면 사람들은 "그것 봐 죽었다니까?"하며 돌문을 닫았을지도 모릅니다. 하지만 나사로는 부활이요 생명이신 예수님의 말씀에 순종하여 "나오라"는 주님의 음성을 따라 "주여 나를 살려주시옵소서"라고 속으로 외치면서 애를 쓰고 발버둥쳤을 것입니다. 나사로가 발버둥치는 바람에 누워있던 곳(안치 장소는 약간 높음)에서 떨어졌고, 몸부림 끝에 마침내 일어나 강시같이 통통 튀면서 무덤 밖으로 나올 수 있었을 것입니다. 무덤 밖으로 나온 나사로는 오랜 친구이자 주님인 예수님을 보고 너무나 기뻐하며 "할렐루야 주님 감사합니다"라고 외쳤을 것입니다. 예수님은 주위 사람들에게 "풀어 놓아 다니게 하라"고 하셨습니다.

우리도 마지막 날 부활 때 주님께서 "성도여 나오라"고 부르시면 나사로처럼 부활할 것입니다. 부활 후 무덤에서 머뭇거리지 말고 즉시 "부활과 생명의 주님을 찬양합니다. 마나라타"라고 주님께 찬양과 감사의 고백을 외치며 즉시 나와야 할 것입니다. 그러므로 예수님의 표적에 동참하는 믿음을 가지려면 나사로처럼 예수님의 명령에 즉시 반응해야 합니다.

예수님의 표적에 동참하는 믿음을 가지려면

마르다와 같이 이제라도 무엇이든지 구하는 믿음을 가져야 합니다. 사람들처럼 예수님의 말씀에 순종해야 합니다. 나사로처럼 예수님의 명령에 즉시 반응해야 합니다. 마르다와 같은 믿음으로, 사람들과 같은 순종으로, 나사로와 같은 반응으로 예수님의 표적에 동참하는 믿음을 갖는 성도들이 되기를 예수 그리스도의 이름으로 축복합니다.

우리도 마지막 날 부활 때 주님께서
"성도여 나오라"고 부르시면
나사로처럼 즉시 부활할 것입니다.

12.
예수님이
이 땅에 오신 이유

⑫ 삭개오, 여리고

예수께서 여리고로 들어가 지나가시더라 삭개오라 이름 하는 자가 있으니 세리장이요 또한 부자라 그가 예수께서 어떠한 사람인가 하여 보고자 하되 키가 작고 사람이 많아 할 수 없어 앞으로 달려가서 보기 위하여 돌무화과나무에 올라가니 이는 예수께서 그리로 지나가시게 됨이러라 예수께서 그 곳에 이르사 쳐다 보시고 이르시되 삭개오야 속히 내려오라 내가 오늘 네 집에 유하여야 하겠다 … 오늘 구원이 이 집에 이르렀으니 이 사람도 아브라함의 자손임이로다 인자가 온 것은 잃어버린 자를 찾아 구원하려 함이니라(눅 19:1-10)

1) 성지 순례

① 여리고성

여리고는 요단에서 서쪽으로 9km, 예루살렘에서 동북쪽으로 30km 떨어져 있고 B.C. 9,000년부터 있었던 세계에서 가장 오래된 도시이며 해발 -250m로 세계에서 가장 낮은 도시이다. 여리고 성은 함락된(B.C. 1407년) 후 여호수아가 "여리고 성을 건축하는 자는 저주를 받을 것이라"(수 6:26) 하였는데 이스라엘 왕 아합 시대에 벧엘 사람 히엘이 건축하다 아들 둘을 잃었다(왕상 16:34). 오늘날까지 성은 돌무더기로 남아 있고 팔레스타인들이 살고 있다.

여리고 성

② 엘리사의 샘

엘리사의 샘은 여리고 성 옆에 있다. 사람들이 "물이 나빠 토산이 익지 못하고 떨어지나이다"라고 하니 엘리사가 물 근원으로 가서 소금을 던지며 "여호와의 말씀이 내가 이 물을 고쳤으니 다시는 열매 맺지 못함이 없을지니라 하셨느니라"(왕하 2:21)고 하니 이 물이 고쳐져 오늘에 이르렀다.

엘리사의 샘물

2800년이 지났지만, 분당 4.5t의 물이 솟아나고 있어 여리고에 생수, 농업용수로 물을 공급하고 있다.

③ 삭개오의 돌무화과나무

삭개오의 뽕나무

삭개오의 돌무화과나무(뽕나무과)는 열매가 무화과 열매보다 작고 질이 떨어지지만, 키가 최대 20m(무화과 2-4m)까지 자라 6년이면 목재로 사용한다. 큰 가지가 땅에 가까이 낮게 뻗어 자라므로 키가 작은 삭개오도 나무에 수월하게 올라갈 수 있었다.

2) 설교 말씀

예수님께서, 승천하실 기약이 차 가매 예루살렘을 향하여 올라가는 중에 여리고에 가까이 가셨을 때 소경 바디매오를 고쳐주었습니다(눅 18:42). 여리고에서 세리장이요 부자인 삭개오는 지나가는 예수님을 보고자 하되 키가 작고 사람이 많아 할 수 없이 돌무화과나무에 올라갔습니다. 그는 세리로서 유대 사회에서 세금 징수를 하며 백성들로부터 '민족 반역자'로 지탄을 받고 있어 자신의 민족적, 종교적 정체성을 잃고 방황하고 있었습니다. 그는 세리장으로 사회적 신분이 높음에도 불구하고 "혹시 나도 구원받을 수 있을까?"라는 소망을 갖고 뽕나무에 올라갔던 것입니다.

삭개오 이야기를 통해 **예수님이 이 땅에 오신 이유**를 알아보겠습니다.

잃어버린 자를 구원하러 오셨습니다

> 예수께서 그 곳에 이르사 쳐다 보시고 이르시되 **삭개오야 속히 내려오라 내가 오늘 네 집에 유하여야 하겠다** 하시니 급히 내려와 즐거워하며 영접하거늘(눅 19:5-6)

예수님께서 쳐다보시며 "삭개오야 속히 내려오라 내가 오늘 네 집에 유하여야 하겠다"고 말씀하셨습니다. 삭개오는 예수님을 보기 위하여 뽕나무에 올라간 것이기 때문에 예수님께서 '내려오라' 하지 않았다면 예수님과의 만남은 없었을 것입니다. 예수님은 주도적으로 삭개오를 구원하시고자 내려오라 하고 삭개오의 집에 유하겠다 하신 것입니다. 삭개오는 "속히 내려오라"는 예수님의 말씀에 급히 내려와 즐거워하며 예수님을 영접했습니다. 예수님은 구원의 손길을 속히 내밀었고 삭개오는 급히 영접했습니다. 이와 같이 구원은 지체할 시간이 없습니다. 서둘러야 합니다(hurry up). 속히(immediately, 즉시) 그리고 급히(at once, 단번에) 이루어지는 것입니다.

> 뭇 사람이 보고 수군거려 이르되 저가 죄인의 집에 유하러 들어갔도다 하더라 삭개오가 서서 주께 여짜오되 주여 보시옵소서 내 소유의 절반을 가난한 자들에게 주겠사오며 만일 누구의 것을 속여 빼앗은 일이 있으면 네 갑절이나 갚겠나이다(눅 19:7-8)

이를 보고 사람들이 수군거리며 "저가 죄인의 집에 유하러 들어갔다"고 비방했습니다. 이에 삭개오는 "주여 내 소유의 절반을 가난한 자들에게 주며 속여 빼앗은 일이 있으면 네 갑절이나 갚겠나이다"라고 말했습니다. 누가복음 18:22에 부자 관리에게는 "다 팔아 가난한 자들에게 나눠 주라 그리고 나를 따르라"고 했는데, 삭개오는 절반만 처분하여 가난한 자들에게 주고 나머지 반 중에서 손해를 끼친 일이 있으면 네 배 보상하겠다고 한 것입니다. 유대 율법에서 배상은 통상적으로 원금의 1/5을 더하여 합니다(레 6:2-5). 로마법은 무고의 경우만 4배 배상하라 합니다. 그러므로 삭개오는 손해 배상에 있어 경중을 따지지 않고 잘못한 것 이상 보상하겠다는 것입니다. 여기에서 구원에 따른 회개의 조건은 재물을 다

바치냐 일부만 바치냐하는 양적인 것이 아니라 진정성에 있는 것입니다. 구원을 받기 위해서는 진정한 회개를 하는 것이 중요하다는 의미입니다. 삭개오의 회개는 진정성이 있었던 것입니다.

> 예수께서 이르시되 **오늘 구원이 이 집에 이르렀으니 이 사람도 아브라함의 자손임이로다 인자가 온 것은 잃어버린 자를 찾아 구원하려 함이니라**(눅 19:9-10)

예수님께서 "오늘 구원이 이 집에 이르렀다"고 말씀하셨습니다. 하나님의 나라가 이 집에 속히, 가까이 임했고 삭개오는 급히 영접하여 어제도 아니고 앞으로도 아닌 오늘! 지금 이 순간 구원을 받은 것입니다. 예수님은 "인자가 온 것은 잃어버린 자를 찾아 구원하려 함이라"고 말씀하셨습니다.

여기서 잃어버린 자는 누구인가요? 세리 삭개오도 해당되나요?

누가복음 7:34에서 예수님은 "세리와 죄인의 친구다"라고 하셨고, 5:32에서 레위라 하는 세리에게 "나를 따르라 내가 의인을 부르러 온 것이 아니요 죄인을 불러 회개시키러 왔다"고 하였습니다. 이를 보면 세리 삭개오는 잃어버린 자인 것입니다.

그럼 부자 삭개오도 구원받을 수 있을까요?

누가복음 18:25에서 예수님은 "낙타가 바늘귀로 들어가는 것이 부자가 하나님 나라에 들어가는 것보다 쉬우니라"고 하셨습니다. 부자가 하나님 나라에 들어가는 것이 어렵다는 것이지 못 들어가는 것은 아닙니다. 마가 요한은 마가복음의 저자이며 큰 부자로서 다락방을 제공하여 최후의 만찬 등 큰 행사를 치를 수 있었습니다. 이곳에서 예수님이 부활 승천 후 오순절 성령의 역사가 일어났고 초대 교회의 복음 선교 전초기지가 되었습니다. 아리마대 요셉은 무덤을 사서 예수의 시체를 가져다가 니고데모와 함께 유대 장례법대로 향품과 세마포로 쌌습니다. 그는 부자지만 예수의 제자였습니다. 이처럼 중요한 것은 부자라도 회개에 합당한 열매를 맺으면 되는 것입니다(눅 3:8).

어떻게 하면 될까요?

네가 이 세대에서 부한 자들을 명하여 마음을 높이지 말고 정함이 없는 재물에 소망을 두지 말고 오직 우리에게 모든 것을 후히 주사 누리게 하시는 하나님께 두며 선을 행하고 선한 사업을 많이 하고 나누어 주기를 좋아하며 너그러운 자가 되게 하라(딤전 6:17-18)

디모데전서 6:17-18에서 "부한 자들은 선을 행하고 선한 사업을 많이 하고 나누어 주기를 좋아하며 너그러운 자가 되게 하라" 합니다. 나를 위해 재물을 쓰지 말고 남을 위해 쓰라는 것입니다.

자신은 소득보다 약간 검소하게 살면 그만큼 남을 위해 재물을 쓸 수 있는 것입니다.

그럼 어떻게 될까요?

"흩어 구제하여도 더욱 부하게 되는 일이 있다"고(잠 11:24) 하였고, 예수님은 "주라 그리하면 너희에게 줄 것이니 곧 후히 되어 누르고 흔들어 넘치도록 하여 너희에게 안겨 주리라"(눅 6:38)고 했습니다. 내가 쓸 것을 조금 아껴 남에게 주면 하나님께서 넘치도록 복을 주십니다. 이 땅에서 누리고 베풀며 행복하게 살고 하나님 나라에 가서 구원받고 칭찬받는 삼중 복을 받는 것입니다.

성도 여러분! 부자 삭개오는 잃어버린 자였지만, 주님의 구원이 속히 임했고, 급히 영접하여 '오늘' 구원을 받았습니다. 그리고 재산을 처분하여 회개에 합당한 열매를 맺었습니다. 예수님은 잃어버린 자를 구원하러 오셨습니다.

착하고 충성된 종이 되게 하려 오셨습니다

은 열 므나 비유 (달란트 비유, 마 25:28-30)
주인이 이르되 내가 너희에게 말하노니 무릇 있는 자는 받겠고 없는 자는 그 있는 것도 빼앗기리라(눅 19:26)

누가복음 19:11-27에서 어떤 귀인이 왕위를 받아 가지고 오려고 먼 나라로 갈 때 종들을 불러 은화 한 므나(200데나리온)씩 주면서 "내가 돌아올 때까지 장사하라"고 하였습니다. 그리고 돌아와서 종들이 어떻게 장사하였는지 알고자 그들을 불렀습니다. 첫째가 "한 므나로 열 므나를 남겼습니다"라고 하니 주인이 "착한 종아 네가 작은 것에 충성하였으니 열 고을 권세를 차지하라"고 하였고, 둘째가 "다섯 므나를 남겼습니다"라고 하니 주인이 "너도 다섯 고을을 차지하라"고 하였습니다. 셋째가 "한 므나가 여기 있나이다 당신이 엄해 무서워 수건으로 싸두었습니다"라고 하니 주인이 "악한 종아 은행에 맡겼으면 이자라도 받았을 것 아니냐"라고 하며 곁에 선 자들에게 "그 한 므나를 빼앗아 열 므나 있는 자에게 주라 무릇 있는 자는 받겠고 없는 자는 그 있는 것도 빼앗기리라" 하였습니다.

> 보라 내가 속히 오리니 내가 줄 상이 내게 있어 각 사람에게 그가 행한 대로 갚아주리라(계 22:12)
> 이 첫째 부활에 참여하는 자들은 복이 있고 거룩하도다 둘째 사망이 그들을 다스리는 권세가 없고 도리어 그들이 하나님과 그리스도의 제사장이 되어 천 년 동안 그리스도와 더불어 왕 노릇 하리라(계 20:6)

"내가 돌아올 때까지"는 주님이 재림하실 때까지를 말합니다. 재림하여 심판하실 때 착하고 충성된 종에게는 상을 주신다는 것입니다. 상은 행한 대로 갚아주시는데(계 22:12) 한 므나로 열 므나를 남기는 성과에 비해 열 고을의 통치권을 주는 엄청난 상입니다. 이는 그리스도와 함께 왕 노릇 하는 상(계 20:6)인 것입니다. 달란트 비유(마 25:28-30)에선 악하고 게으른 종은 그 있는 것까지 빼앗기고 바깥 어두운 데로 내쫓겨 거기서 슬피 울며 이를 간다고 나옵니다. 우리가 구원을 받고도 악하고 게으른 종이 된다면 심판 날에 책망을 받을 것입니다. 착하고 충성된 종이 되어 주님께서 무슨 일을 맡기시든 10배, 20배, 100배의 열매를 맺어야 합니다. 주님은 착하고 충성된 종이 되게 하려고 오셨습니다.

예수님이 이 땅에 오신 이유

예수님은 잃어버린 자를 구원하여 착하고 충성된 종이 되게 하려고 오셨습니다. 잃어버린 자 같은 우리를 구원하심에 감사하며 착하고 충성된 종이 되기를 예수 그리스도의 이름으로 축복합니다.

예수님은 잃어버린 자를 구원하여
착하고 충성된 종이 되게
하려고 오셨습니다.

13. 기도하는 그대로 되는 은혜

⑬ 무화과나무, 베다니

> 그들이 아침에 지나갈 때에 무화과나무가 뿌리째 마른 것을 보고 베드로가 생각이 나서 여짜오되 랍비여 보소서 저주하신 무화과나무가 말랐나이다 예수께서 그들에게 대답하여 이르시되 **하나님을 믿으라 내가 진실로 너희에게 이르노니 누구든지 이 산더러 들리어 바다에 던져지라 하며 그 말하는 것이 이루어질 줄 믿고 마음에 의심하지 아니하면 그대로 되리라 그러므로 내가 너희에게 말하노니 무엇이든지 기도하고 구하는 것은 받은 줄로 믿으라 그리하면 너희에게 그대로 되리라**(막 11:20-24)

1) 성지 순례

① 주기도문교회

예수님은 감람산에 있는 이곳 동굴에서 제자들에게 세상의 종말에 대해 말씀하셨고 주기도문을 가르쳐주셨다(마 6:9-13). 이를 기념하여 A.D. 4세기 콘스탄티누스 황제의 어머니 헬레나 황후가 교회를 세웠다. 교회 이름은 라틴어의 주기도문 첫 부분을 따서 "PATER NOSTER"(우리 아버지)라 지었다. 교회 입구 우측에는 교회 이름이 보이고 왼쪽에는 헬레나의 명판이 보인다. 입구를 들어서면 교회 전경이 보이는데 우측 벽을 따라 주기도문 현판(세계

145개국 언어)이 전시되어 있다. 주기도문 현판은 교회 내부에도 있다. 교회 지하로 내려가면 예수님이 주기도문을 가르치신 동굴이 나온다.

주기도문 교회 입구

주기도문교회

2) 설교 말씀

마가복음 11:7에서 예수님은 나귀 새끼를 타고 예루살렘에 입성하시므로 메시아이심을 알리면서 고난주간이 시작되었습니다 (슥 9:9). 이튿날(고난주간의 월요일) 예수님이 베다니(나사로의 집)에서 나왔을 때 시장해서 무화과나무에 무엇이 있을까 하여 가셨더니 잎사귀 외에 아무것도 없었습니다. 무화과의 때가 아니었습니다. 예수님은 "이제부터 영원토록 사람이 네게서 열매를 따 먹지 못하리라"고 말씀하셨습니다. 제자들이 다음 날 아침에 지나갈 때 보니 무화과나무가 뿌리째 말라 있었습니다. 베드로가 생각이 나서 "랍비여 보소서 저주하신 무화과나무가 말랐나이다"라고 말했습니다. 그러자 예수님은 어떻게 해야 기도 응답을 받을 수 있는지 본문 말씀을 주셨습니다.

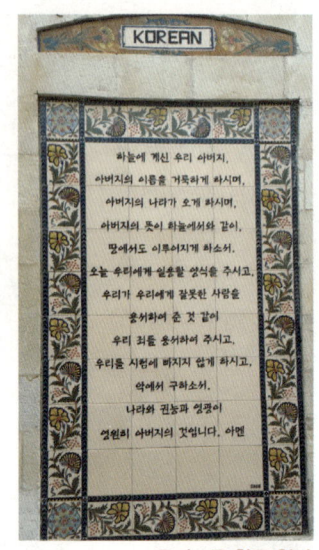

주기도문 한글 현판

기도하는 그대로 되는 은혜를 받으려면 어떻게 해야 하는지 알아보겠습니다.

주기도문 가르치신 동굴

전지전능하신 하나님을 믿어야 합니다

베드로가 생각이 나서 여짜오되 랍비여 보소서 저주하신 무화과나무가 말랐나이다 예수께서 그들에게 대답하여 이르시되 **하나님을 믿으라**(막 11:21-22)

예수님은 제자들의 질문에 대답하며 하나님을 믿으라고 말씀하셨습니다(22절). 기도하는 그대로 되는 은혜를 받으려면 그 전제가 하나님을 믿는 것입니다. 우리는 그리스도인으로서 어느 정도 하나님을 알고 있습니다. 하지만 하나님을 잘 믿기 위해서는 하나님의 속성을 더 잘 알아야 합니다. 그래야 하나님의 자녀로서 하나님이 원하시는 삶을 살 수 있고 기도하는 그대로 되는 은혜를 체험할 수 있습니다. 호세아도 '힘써 여호와를 알자'(호 6:3)고 하였습니다.

그러면 우리가 믿는 하나님은 어떤 하나님입니까?

하나님의 속성은 하나님께만 있는 성품(속성)과 하나님과 사람 모두에게 있는 성품(속성)이 있습니다. 먼저, 하나님께만 있는 성품을 말씀드리겠습니다. 하나님은 온 세상과 우주를 창조하시고 우주의 주권자이시며 최고 통치자입니다. 하나님은 처음(창조자)이요 마지막(심판자)이시며 영원하십니다. 전지전능하십니다(하나님은 모든 것을 아시고 모든 것을 할 수 있습니다). 불변하시고 편재하십니다(하나님은 변치 않으시고 모든 곳에 계십니다). 둘째, 하나님과 사람 모두에게 있는 성품입니다. 하나님은 사랑이시고 언제나 진실하십니다. 하나님은 의롭고 공정하십니다(하나님은 잘못된 일을 하지 않으시고 인간을 아주 공정하게 심판하실 것입니다). 하나님은 인자, 성실, 의로움, 공정한 성품을 사람과 공유하므로 하나님과 사람은 서로 공감할 수 있는 것입니다. 온 우주와 천하 만물을 창조하신 전지전능한 하나님의 속성을 잘 알아야 믿는 자에게 능치 못할 일이 없음을 확신할 수 있습니다. 온 우주의 주권자이시고 최고 통치자이시며 전지전능하신 하나님이시니 우리가 기도하는 그대로 되는 은혜를 주실 수 있는 것입니다.

또한 하나님을 믿으려면 하나님의 말씀(계명)을 잘 지켜야 합니다. 이는 십계명 중 앞 부분에 나오는 세가지 계명에 잘 나와 있습니다(출 20:1-7). 제일은 다른 신들을 두지 말라 합니다. 하나님과 우상(사탄이 지배하는 세상)을 겸하여 믿지 말고 오직 하나님만 믿으라는 것입니다. 제이는 우상을 만들지 말라 합니다. 우상은 세상 것들입니다. 세상 것들은 어떤 형상으로도 만들지 말고 섬기지 말라는 것입니다. 제삼은 여호와의 이름을 망령되게 부르지 말라 합니다. 이는 나쁜 의도와 목적을 가진 일이나 자신의 이익과 욕심을 위해서 하나님을 부르지 말라는 것입니다. 우리는 선한 일 가운데 행해야 합니다(엡 2:10). 그러므로 하나님을 두려워하고 하나님만 바라보아야 합니다. 이 계명에 더하여 하나님은 미워하는 자에게는 삼 대까지 죄를 갚고 사랑하고 계명을 지키는 자에게는 천 대까지 은혜를 베푸신다고 합니다(출 20:5-6). 우리가 계명을 잘 지켜 천 대까지 받는 은혜를 받아야 기도하는 그대로 되는 은혜도 받을 수 있습니다.

하나님을 믿는 자는 하나님의 성품과 계명을 따라 살아야 합니다. 우리가 하나님의 성품과 계명을 따라 살 때 하나님을 온전히 믿을 수 있습니다. 그러므로 기도하는 그대로 되는 은혜를 받으려면 하나님의 성품과 계명을 따라 살며 전지전능하신 하나님을 믿어야 합니다.

이러한 하나님을 어떻게 믿어야 기도하는 그대로 되는 은혜를 받을까요?

말하는 것이 이루어질 줄 믿어야 합니다

내가 진실로 너희에게 이르노니 누구든지 이 산더러 들리어 바다에 던져지라 하며 그 **말하는 것이 이루어질 줄 믿고** 마음에 의심하지 아니하면 그대로 되리라(막 11:23)

23절 말씀대로 누구든지 그 기적이 이루어진다고 말해야 합니다. 우리 뇌의 대부분은 말이 지배한다고 합니다. 말 한마디로 사람이 살 수도 있고 죽을 수도 있습니다. 말 한마디로 성공할 수도 있고 실패할 수도 있습니다. 말 한마디로 행복할 수도 있고 불행할 수도 있습니다.

내가 너희에게 이르노니 사람이 무슨 무익한 말을 하든지 심판 날에 이에 대하여 심문을 받으리니 네 말로 의롭다 함을 받고 네 말로 정죄함을 받으리라(마 12:36-37)

> 네가 만일 네 입으로 예수를 주로 시인하며 또 하나님께서 그를 죽은 자 가운데서 살리신 것을 네 마음에 믿으면 구원을 받으리라 사람이 마음으로 믿어 의에 이르고 입으로 시인하여 구원에 이르느니라(롬 10:9-10)

마태복음 12:36-37에서 "심판 날에 네 말로 의롭다 함을 받고 네 말로 정죄함을 받으리라"고 나옵니다. 심판 날에도 말 한마디가 중요합니다. 또한 로마서 10:10에서 "사람이 마음으로 믿어 의에 이르고 입으로 시인하여 구원에 이른다"고 합니다. 입으로 시인하면 구원을 받습니다. 이만큼 말의 능력은 우리를 구원에 이르게도 하고 정죄함에 이르게도 합니다. 그래서 우리의 간구를 입으로 말하는 것이 중요합니다. 하나님께서 이루어주실 것을 믿고 자신 있게 입으로 시인하는 것이 중요합니다.

> 백부장이 대답하여 이르되 주여 내 집에 들어오심을 나는 감당하지 못하겠사오니 다만 말씀으로만 하옵소서 그러면 내 하인이 낫겠사옵나이다(마 8:8)

마태복음 8:5-13에 나오는 백부장은 하인이 중풍병을 앓자 예수님께 고쳐주실 것을 간구했습니다. 그러자 예수님께서 "내가 가서 고쳐주리라"고 하셨습니다. 이에 백부장은 "다만 말씀으로만 하옵소서 그러면 내 하인이 낫겠습니다"라고 답합니다. 예수님은 "이만한 믿음을 보지 못하였다. 네 믿은 대로 될지어다"라고 하시니 그 즉시 하인이 나았습니다.

여자가 이르되 주여 옳소이다마는 개들도 제 주인의 상에서 떨어지는 부스러기를 먹나이다 말하니 이에 예수께서 대답하여 이르시되 **여자여 네 믿음이 크도다 네 소원대로 되리라** 하시니 그 때로부터 그의 딸이 나으니라(마 15:27-28)

마태복음 15:21-28에서 가나안 여인이 딸의 귀신 들림을 고쳐 달라고 하자 예수님은 "자녀의 떡을 취하여 개들에게 던짐이 마땅하지 않다"라고 하셨습니다. 이에 여인은 "주여 옳소이다마는 개들도 제 주인의 상에서 떨어지는 부스러기를 먹나이다"라고 말하였습니다. 예수님은 감동하여 "여자여 네 믿음이 크도다 네 소원대로 되리라"고 하시니 그의 딸이 바로 나았습니다. 말 한번 잘해서 큰 은혜를 받은 것입니다.

그렇다면 말만 하면 다 되는 것인가요?

그 말하는 것이 이루어질 줄 믿고 마음에 의심하지 아니하면 그대로 되리라(막 11:23b)

아닙니다. 23절 말씀대로 그 말하는 것이 이루어질 줄 믿고 마음에 의심하지 않아야 그대로 되는 것입니다. 그러므로 "말 + 믿음 = 기도의 응답"입니다.

이에 예수께서 그들의 눈을 만지시며 이르시되 **너희 믿음대로 되라** 하시니(마 9:29)

I. 예수님의 일생

> 예수께서 이르시되 **딸아 네 믿음이 너를 구원하였으니 평안히 가라 네 병에서 놓여 건강할지어다**(막 5:34)

마태복음 9:29에서 예수님은 맹인에게 "너희 믿음대로 되라"고 하시면서 눈을 뜨게 하셨습니다. 믿음대로 되라고 했지 눈을 뜨라고 하지 않았습니다. 만약 믿음이 약했다면 눈을 못 뜰 수도 있었습니다. 마가복음 5:34에서 혈루병 앓는 여인은 예수님의 옷에 손을 대자 혈루병이 즉시 나았습니다. 예수님은 "네 믿음이 너를 구원하였다"라고 하셨습니다. 옷에 손을 댔지만 믿음이 약했다면 병이 낫지 않았을 것입니다. 당시 많은 병자가 뒤를 따르고 혹시나 하여 주님을 만졌지만 아무도 병이 낫지 않았습니다. 성도 여러분! 기도하는 그대로 되는 은혜를 받으려면 우리의 간구를 입으로 자신 있게 말하십시오. 그 말하는 것이 이루어질 줄 믿고 마음에 의심하지 않으면 기도하는 그대로 이루어질 것입니다.

무엇이든지 기도하는 것은 받은 줄로 믿어야 합니다

> 그러므로 내가 너희에게 말하노니 무엇이든지 기도하고 구하는 것은 받은 줄로 믿으라 그리하면 너희에게 그대로 되리라(막 11:24)

기도는 우리의 간구를 말로 표현하는 것입니다.
그 대상은 하나님입니다. 나는 힘이 없지만 전지전능하신 하나님께 우리의 바람을 간구하는 것입니다. 요한복음 14:14에서 "내 이름으로 무엇이든지 내게 구하면 내가 행하리라"는 말씀대로 무엇이든지 기도하고 구하면 실제 일은 하나님께서 행하시는 것입니다. 우리는 믿음으로 기도할 뿐입니다. 기도의 프로세스는 어떻습니까? ① 기도하고 ② 받은 줄로 믿으면 ③ 그대로 되는 것입니다. ① 기도하고 ③ 그대로 되는 데는 시차가 있습니다. 아직 받지 못했지만 앞으로 받을 것이 아니고, 이미 받은 것으로 믿으라는 것입니다. You will receive가 아니고 You have received입니다. 기도하는 그대로 되는 은혜를 받는 것은 먼 미래가 아닌 현재완료입니다. 그러므로 기도하는 그대로 되는 은혜를 받으려면 기도해야 합니다. 기도를 통해 하나님과 관계를 맺고 전지전능하신 하나님의 능력이 나타나게 해야 합니다. 우리가 기도하는 것을 받을 줄이 아니고, 이미 받은 줄로 믿으면 기도하는 그대로 이루어지는 것입니다.

기도하는 그대로 되는 은혜를 받으려면

기도하는 그대로 되는 은혜를 받으려면 하나님을 믿어야 합니다. 말하는 것이 이루어질 줄 믿어야 합니다. 무엇이든지 기도하는 것은 받은 줄로 믿어야 합니다. 하나님을 믿으십시요. 말하는 것이 이루어질 줄 믿고, 무엇이든지 기도하는 것은 받은 줄로 믿어, 기도하는 그대로 되는 은혜를 받으시는 성도들이 되기를 예수 그리스도의 이름으로 축복합니다.

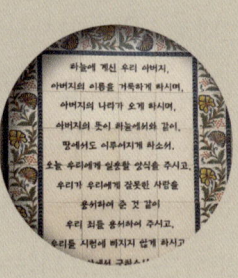

기도하는 그대로 되는 은혜를 받는 것은
먼 미래가 아닌 현재 완료입니다.

II.

예수님의
마지막 일주일

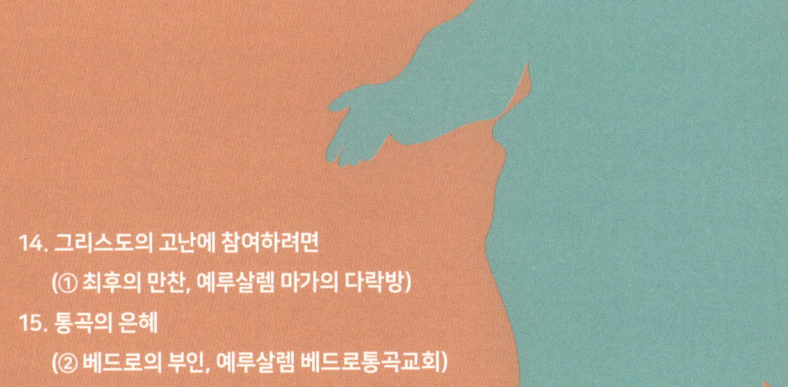

14. 그리스도의 고난에 참여하려면
　　(① 최후의 만찬, 예루살렘 마가의 다락방)
15. 통곡의 은혜
　　(② 베드로의 부인, 예루살렘 베드로통곡교회)
16. 어떻게 고난을 받으셨나
　　(③ 빌라도 재판, 예루살렘 빌라도법정)
17. 십자가에 못 박혀 죽으심
　　(④ 십자가 죽음, 예루살렘 성묘교회)
18. 부활하시다(⑤ 부활하심, 예루살렘 성묘교회)
19. 내 양을 먹이라(⑥ 나타나심, 갈릴리 타브가)
20. 부활 승천의 비밀(⑦ 승천하심, 예루살렘 감람산)

14. 그리스도의 고난에 참여하려면

① 최후의 만찬, 예루살렘 마가의 다락방

제자들이 예수께서 시키신 대로 하여 유월절을 준비하였더라 저물 때에 예수께서 열두 제자와 함께 앉으셨더니 그들이 먹을 때에 이르시되 **내가 진실로 너희에게 이르노니 너희 중의 한 사람이 나를 팔리라** 하시니 … 예수께서 떡을 가지사 축복하시고 떼어 제자들에게 주시며 이르시되 **받아서 먹으라 이것은 내 몸이니라** 하시고 또 잔을 가지사 감사 기도 하시고 그들에게 주시며 이르시되 **너희가 다 이것을 마시라 이것은 죄 사함을 얻게 하려고 많은 사람을 위하여 흘리는 바 나의 피 곧 언약의 피니라**
(마 26:19-21, 26-28)

1) 성지 순례

① 주눈물교회

일요일에 예수님이 나귀 새끼를 타고 감람산에서 예루살렘으로 입성하시다가 가까이 이르자(주눈물교회 자리에서) 파괴될 예루살렘 성을 보고 우셨다(눅 19:41). 그리고 "날이 이를지라 네 원수들이 토둔을 쌓고 … 돌 하나도 돌 위에 남기지 아니하리니(눅 19:43-44)"라고 말씀하셨다. 이 말씀처럼 A.D. 70년 예루살렘 성은 로마에 의해 무너졌다.

주눈물교회

주눈물교회는 라틴어로 Dominus Flevit(주가 눈물을 흘렸다)인데 감람산에서 겟세마네로 내려오는 중간에 있다. 이 자리에는 5세기 비잔틴 양식의 수도원이 있던 터에 1881년 프란체스코 수도원이 세워졌고, 1955년 이탈리아 건축가 안토니오 발루치가 재건했다. 교회는 눈물 모양을 형상화하고 지붕 네 귀퉁이에는 눈물을 상징하는 긴 항아리가 있다. 교회 내부 제단 뒤에 십자가 창문으로 예루살렘과 황금돔 사원 그리고 뒤편에 성묘교회가 보인다. 예수님의 고난과 죽음을 기리는 의미에서 창틀은 가시나무 모양으로 디자인하고 십자가를 통해 골고다가 있는 성묘교회를 볼 수 있게 설계했다.

주눈물교회 내부에서 바라본 모습

② 마가의 다락방

목요일 무교절 첫날에 예수님과 제자들이 마가의 다락방에서 유월절 음식을 먹는 중에 예수님은 제자들의 발을 씻기고 유다의 배반을 예고했다. 예수님은 떡을 가지사 축복하시고 제자들에게 주시며 '내 몸'이라 하였고 또 잔을 가지사 감사 기도하시고 제자들에게 주시며 '나의 피, 언약의 피'라 하시며 최후의 만찬을 했다(마 26:26-28).

마가의 다락방은 시온문 앞 50m에 있다. 이곳은 예수님이 최후의 만찬을 하셨고, 예수님이 승천하시고 50일째 되는 날, 오순절 성령의 역사가 일어났던 장소이다. 성경에는 큰 다락방(막 14:15)이라 번역했지만 사실 다락방이 아니라 십여 명이 식사할 수 있는 2층의 큰 방이다. 기념 교회는 1335년 프란체스코 수도회가 지었다.

③ 겟세마네고뇌교회(만국교회)

목요일에 마가의 다락방에서 최후의 만찬을 하시고 기도하기 위해 감람산으로 가셨다. 겟세마네 동산에서 예수님은 얼굴을 땅에 대시고 엎드려 "아버지여 이 잔을 내게서 지나가게 하옵소서 그러나 나의 원대로 마시옵고 아버지의 원대로 하옵소서"라고 애써 기도하니 땀이 핏방울 같이 땅에 떨어졌다(눅 22:44).

겟세마네 동산에는 A.D. 4세기 비잔틴 시대에 기념 교회가 세워졌지만 614년 페르시아에 의해 무너졌다. 1924년에 약 12개국이

마가의 다락방 cafe.daum.net bible2739

마가의 다락방 내부 blog.naver.com bridgehera

공동으로 헌금하여 교회를 세웠다. 그래서 '만국교회'라고도 부른다. 교회 내부 중앙 제대에는 예수님이 기도하셨던 바위가 있다. 외부에는 예수님이 기도하는 성화가 있고 사복음서 저자 석상이 4개의 큰 기둥 위에 있다. 정원에는 500-1000년 된 감람나무(올리브나무)가 있다. 겟세마네는 아람어로 "기름 짜는 곳"을 뜻한다.

겟세마네고뇌교회(만국교회)

겟세마네 동산 바위 cafe.daum.net jesusmanilovejesus

2) 설교 말씀

겟세마네동산 올리브나무

예수님의 생애 마지막 한 주간이었던 고난주간에는 예루살렘 입성부터 주의 만찬, 겟세마네 동산의 기도와 배신, 십자가 처형과 장사 등의 대사건들이 숨 막히게 전개되었습니다. 예수님의 마지막 일주일은 예루살렘 입성부터 부활까지 총 32개의 사건이 일어났습니다(갈릴리에 나타나심과 감람산에서 승천하심을 포함할 경우 34개). 고난을 받으시기 전인 일요일부터 목요일까지 15건의 사건이 있었고, 금요일 십자가에 달리시어 숨을 거두시고 부활하시기까지 17건의 사건이 있었습니다. 오늘은 고난을 받으시기 직전인 일요일부터 목요일까지 5일간 일어난 일을 중심으로 예수님께서 고난을 어떻게 준비하셨는지 말씀드리고자 합니다.

[예수님의 마지막 일주일]

일요일 ① 예루살렘 입성(마 21:1-11)
월요일 ② 무화과나무 저주(마 21:18-19)
③ 성전 정화(마 21:12-17)
화요일 ④ 무화과나무 마름(마 21:20-22)
⑤ 종교지도자들과 논쟁(마 21:23-32)
⑥ 감람산 강화(마 24-25장)
⑦ 유대인들의 음모(마 26:1-5)
⑧ 향유를 부음(마 26:6-13)
⑨ 유다의 배반 합의(마 26:14-16)
수요일 기록 없음
목요일 ⑩ 유월절 음식을 나눔(마 26:17-25)
⑪ 제자들의 발을 씻김(요 13:1-20)
⑫ 최후의 만찬(마 26:26-30)
⑬ 고별 설교(요 13:31-35; 14:1-16:33)
⑭ 베드로의 부인 예고(마 26:31-35)
⑮ 겟세마네 기도(마 26:36-46)

일요일에 예수님은 나귀 새끼를 타고 ① 예루살렘에 입성했고 백성들은 호산나 찬양하며 맞이했습니다. **월요일** 이른 아침에 열매를 맺지 못하는 ② 무화과나무를 저주했고, ③ 성전에서 매매하는 자들을 내쫓고 정화했습니다. **화요일**에 저주한 ④ 무화과나무가 뿌리째 말라 있었고, 성전에서 ⑤ 종교지도자들과 논쟁했으며, ⑥ 감람산에서 예루살렘의 멸망과 종말에 대해 경고했습니다. 그리스도의 고난은 논쟁 이후 ⑦ 유대인들의 음모로 시작되었습니다. 베다니 나병환자 시몬의 집에서 ⑧ 마리아가 예수님의 머리에 향유를 붓는 사이 ⑨ 유다는 대제사장들에게 예수님을 넘겨주기로 합의(배반)했습니다. **수요일**은 성경에 아무 기록이 없습니다. **목요일**에 예수님은 십자가의 고난을 준비하셨습니다. 마가의 다락방에서 ⑩ 유월절 음식을 먹는 중에 ⑪ 제자들의 발을 씻기시고 유다가 배신할 것을 알렸습니다. 떡과 잔을 축복하시고 제자들에게 주며 ⑫ 최후의 만찬을 했습니다. ⑬ 고별 설교를 하시고 기도하기 위해 감람산으로 가셨습니다. 가는 중에 ⑭ 베드로가 부인할 것을 예고하셨고 ⑮ 겟세마네 동산에서 기도하셨습니다.

그리스도의 고난에 참여하려면 어떤 믿음을 가져야 하는지 알아보겠습니다.

배신하지 말아야 합니다

마리아	가룟 유다
한 여자(요 12:3 마리아)가 매우 귀한 향유 한 옥합을 가지고 나아와서 식사하시는 예수의 머리에 부으니(마 26:7) 삼백 데나리온(요 12:5) (당시 일반 노동자의 일 년 연봉)	**그 때에** … 내가 예수를 너희에게 넘겨 주리니 얼마나 주려느냐 하니 그들이 은 삼십을 달아 주거늘 (마 26:14-15) 은 삼십 (남자 노예 몸값)

화요일에 예수님께서 베다니 나병환자 시몬의 집에 계실 때 마리아는 삼백 데나리온(요 12:5)이나 되는 귀한 향유 한 옥합을 가지고 와서 예수님의 머리에 부었습니다. 예수님은 "내 장례를 미리 준비하는 것이라"고 말씀하셨습니다(마 26:12). 마리아가 향유를 붓고 있을 '그 때에' 가룟 유다는 대제사장들에게 가서 예수님을 은 삼십에 넘겨주기로 합의했습니다(마 26:15). 한 사람은 예수님의 고난(장례)을 위하여 당시 일반 노동자의 일 년 연봉(삼백 데나리온)에 해당하는 비싼 향유를 아낌없이 드렸는데, 한 사람은 바로 '그 때에' 예수님을 남자 노예 한 명 값인 은 삼십에 팔았습니다. 마태는 이야기를 연이어 전개하여 극명하게 대조시킵니다.

그럼 유다는 왜 배반했을까요?

유다는 열심당원이었을 것입니다. 열심당은 헤롯당의 정적(政敵)으로 로마에서 독립하기 위해 항거하고 폭력을 사용했습니다. 유다는 예수님이 이스라엘을 로마로부터 해방시켜줄 정치적 메시아로 보았지만, 예수님은 이 세상일이 아닌 만인들을 구속하고 하나님 나라를 세우기 위해 왔다는 것을 뒤늦게 알게 되어 크게 실망하고 배신하게 되었을 것입니다. 이는 가룟 유다만의 문제가 아닙니다. 예수님도 광야에서 시험 받을 때 마귀가 "내게 엎드려 경배하면 천하만국을 주겠다"라고 유혹했습니다. 예수님은 "주 너의 하나님을 경배하고 다만 그를 섬기라"라고 하시며 물리치셨습니다(마 4:8-10).

그리스도인으로 살아가기 위한 첫 시험대가 배신의 문제입니다. 로마 시대에도 그리스도인들은 배신을 강요받았습니다. 많은 그리스도인이 믿음을 지키기 위해 사자 굴에 던져져 죽음을 당했습니다. 일제 강점기에도 신사참배를 하지 않으면 고문하고 죽였습니다. 주기철 목사님은 믿음을 지키기 위해 못이 박힌 철판 위를 걸으며 피를 흘렸습니다.

말세에는 어떻게 될까요?

> 누구든지 이 표를 가진 자 외에는 매매를 못하게 하니 이 표는 곧 짐승의 이름이나 그 이름의 수라(계 13:17)
> 만일 누구든지 짐승과 그의 우상에게 경배하고 이마에나 손에 표를 받으면 … 거룩한 천사들 앞과 어린 양 앞에서 불과 유황으로 고난을 받으리니 고난의 연기가 세세토록 올라가리로다(계 14:9-11)

요한계시록 13:17에 말세에도 적그리스도가 짐승의 표를 받지 않으면 매매를 못해 굶어 죽게 하여 배신하게 만들 것입니다. 가룟 유다는 예수님의 정죄됨을 보고 스스로 뉘우쳐 "내가 무죄한 피를 팔고 죄를 범하였다"라고 하며 받은 은을 성소에 던져 놓고 목매어 죽었습니다(마 27:4-5). 그걸로 끝났을까요? 요한계시록 14:9-11에 우상에게 경배하고 짐승의 표를 받으면(배신하면) 불못에서 영원히 고통 받을 것이라 합니다. 요한계시록 말씀대로 배신한 가롯 유다는 죽어서도 안식을 찾지 못하고 뜨거운 불못에서 후회하며 영원히 고통을 받고 있을 것입니다. 성도 여러분! 배신의 문제는 가룟 유다만의 문제가 아닙니다. 로마 시대와 일제 강점기에도 겪었고, 말세에도 겪을 것입니다. 우리가 그리스도인으로서 그리스도의 고난에 참여하려면 배신하지 말아야 합니다. 배신한 자들은 뜨거운 유황 불못에서 후회하며 영원히 고통 받을 것입니다.

주의 만찬에 참여해야 합니다

목요일 무교절 첫날에 예수님과 제자들이 마가의 다락방에서 유월절 음식을 먹는 중에 예수님은 제자들의 발을 씻기고 유다의 배반을 예고했습니다. 그리고 주의 만찬, 최후의 만찬을 하였습니다.

> 예수께서 떡을 가지사 축복하시고 떼어 제자들에게 주시며 이르시되 **받아서 먹으라 이것은 내 몸이니라** 하시고 또 잔을 가지사 감사 기도 하시고 그들에게 주시며 이르시되 **너희가 다 이것을 마시라 이것은 죄 사함을 얻게 하려고 많은 사람을 위하여 흘리는 바 나의 피 곧 언약의 피니라** (마 26:26-28)

예수님은 떡을 가지사 축복하시고 제자들에게 주시며 '내 몸'이라 하셨고 또 잔을 가지사 감사 기도 하시고 제자들에게 주시며 '나의 피, 언약의 피'라 하셨습니다. 이를 성만찬, 주의 만찬이라 합니다. 언약의 피는 죄 사함을 얻게 하려고 만인을 위하여 흘리는 피라 하였습니다. 그러므로 주의 만찬은 예수님께서 만인의 죄를 사하고 구원하고자 십자가에서 죽으심을 기념하는 의식입니다.

> 식후에 또한 그와 같이 잔을 가지시고 이르시되 **이 잔은 내 피로 세운 새언약이니 이것을 행하여 마실 때마다 나를 기념하라** 하셨으니 너희가 이 떡을 먹으며 이 잔을 마실 때마다 주의 죽으심을 그가 오실 때까지 전하는 것이니라(고전 11:25-26)

고린도전서 11:25-26에 이 잔은 내 피로 세운 새 언약이니 이것을 행하고 마실 때마다 기념하라 하셨습니다. 이는 주님 오실 때까지 주의 만찬을 행하여 예수님께서 만인을 구속하기 위해 십자가에 죽으심을 전하라는 것입니다. 우리는 주의 만찬을 통해 주님과 새 언약을 맺었고, 그리스도의 몸인 교회의 일원이 되었습니다. 그래서 그리스도의 고난에 참여하려면 주님 오실 때까지 주의 만찬에 참여하여 구속의 은혜를 기념하고 전해야 하는 것입니다.

시험에 들지 않게 기도해야 합니다

주의 만찬을 마치고 기도하기 위해 감람산으로 가면서 예수님이 "제자들이 다 나를 버리리라"고 말씀하시니 베드로가 "모두 주를 버릴지라도 나는 결코 버리지 않겠나이다"라고 대답했습니다. 예수님이 "네가 오늘 밤 닭 울기 전에 세 번 나를 부인하리라"라고 말씀하셨습니다. 베드로는 주의 말씀대로 대제사장 가야바의 바깥 뜰에서 닭 울기 전에 세 번 부인했습니다.

예수님은 감람산 겟세마네에 이르러 제자들과 돌 던질 만큼 떨어진 곳에서(눅 22:41) 고민하고 슬퍼하시며 간절히 기도했습니다. 예수님이 얼굴을 땅에 대시고 엎드려 "아버지여 이 잔을 내게서 지나가게 하옵소서 그러나 나의 원대로 마시옵고 아버지의 원대로 하옵소서"(마 26:39)라고 하며 힘쓰고 애써 기도하니 땀이 핏방울 같이 땅에 떨어졌습니다(눅 22:44).

> 제자들에게 오사 그 자는 것을 보시고 베드로에게 말씀하시되 **너희가 나와 함께 한 시간도 이렇게 깨어 있을 수 없더냐 시험에 들지 않게 깨어 기도하라 마음에는 원이로되 육신이 약하도다** 하시고(마 26:40-41)

이후 제자들에게 오시니 모두 자고 있는 것이었습니다. 예수님은 "시험에 들지 않게 깨어 기도하라 마음에는 원이로되 육신이 약하도다"라고 말씀하셨습니다. 세 번째 와서도 제자들이 자고 있으니 예수님은 "때가 왔으니 인자가 죄인의 손에 팔리리라"고 말씀하셨습니다. 예수님께서 고난을 당하기 전 겟세마네 동산에서 우리에게 주신 말씀은 "시험에 들지 않게 깨어 기도하라"는 것입니다. 우리가 주님 오시는 날까지 배신하지 않고 주의 만찬에 참여하여 구속의 은혜를 기념하고 전하기 위해서는 시험에 들지 않게 깨어 기도해야 합니다.

그리스도의 고난에 참여하려면

그리스도의 고난에 참여하려면 배신하지 말아야 합니다. 주의 만찬에 참여해야 합니다. 시험에 들지 않게 깨어 기도해야 합니다. 배신하지 않고 주의 만찬에 참여하며 깨어 기도하여 그리스도의 고난에 참여하는 성도들이 되기를 예수 그리스도의 이름으로 축복합니다.

우리가 주님 오시는 날까지
배신하지 않고 주의 만찬에 참여하여
구속의 은혜를 기념하고 전하기 위해서는
시험에 들지 않게 깨어 기도해야 합니다.

15. 통곡의 은혜

② 베드로의 부인, 예루살렘 베드로통곡교회

베드로가 바깥 뜰에 앉았더니 한 여종이 나아와 이르되 너도 갈릴리 사람 예수와 함께 있었도다 하거늘 베드로가 모든 사람 앞에서 부인하여 이르되 나는 네가 무슨 말을 하는지 알지 못하겠노라 하며 앞문까지 나아가니 … 조금 후에 곁에 섰던 사람들이 나아와 베드로에게 이르되 너도 진실로 그 도당이라 네 말소리가 너를 표명한다 하거늘 그가 저주하며 맹세하여 이르되 나는 그 사람을 알지 못하노라 하니 곧 닭이 울더라 이에 베드로가 예수의 말씀에 **닭 울기 전에 네가 세 번 나를 부인하리라** 하심이 생각나서 밖에 나가서 심히 통곡하니라(마 26:69-75)

1) 성지 순례

① 베드로통곡교회

금요일에 유다의 배반으로 겟세마네 동산에서 예수님이 잡히셨고 가야바의 법정에서 공회 심문을 받았다. 이곳에서 베드로가 예수님을 세 번 부인했다. "그가 저주하며 맹세하여 이르되 나는 그 사람을 알지 못하노라 하니 곧 닭이 울더라 이에 베드로가 예수의 **말씀에 닭 울기 전에 네가 세 번 나를 부인하리라** 하심이 생각나서 밖에 나가서 심히 통곡하니라"(마 26:69-75).

베드로통곡교회

시온문 남동쪽 방향으로 베드로통곡교회가 있다. 이곳은 예수님을 고소했던 대제사장 가야바의 집터인데 A.D. 457년에 교회가 세워졌다가 1931년에 프랑스 수도회에서 재건했다. 교회 지붕에는 십자가 위에 수탉 모형이 있고 내부 지하 2층에는 예수님께서 갇히셨

죄인을 내리는 구멍

지하 감옥

던 감옥터가 있다. 교회 뒤편에는 베드로가 부인하는 장면의 동상

II. 예수님의 마지막 일주일

베드로의 부인 동상

이 있고 동상 아래 라틴어 문구 "Non novi illum"(그를 알지 못한다)이 있다. 여종의 손끝은 예수님을 향하고 있고 베드로는 "그를 알지 못한다"며 정색하는 동상을 바라보면서 "나는 어떠한지" 기도해보자.

2) 설교 말씀

예수님의 마지막 일주일 중 금요일에는 11개의 사건이 일어났습니다. 유다의 배반으로 겟세마네 동산에서 ⑯ 예수님이 잡히셨고 ⑰ 가야바의 법정에서 공회 심문을 받았습니다. 이곳에서 ⑱ 베드로가 세 번 부인했고 ⑲ 가룟 유다는 자살했습니다. 예수님은 ⑳ 빌라도에게 심문을 받았고 ㉑ 헤롯 앞에도 서셨습니다. 빌라도가 ㉒ 사형 선고를 내려 ㉓ 군인들이 조롱하고 예수님은 ㉔십자가에 달리셨습니다. ㉕ 숨을 거두시고 ㉖ 무덤에 묻히셨습니다.

[예수님의 마지막 일주일]

금요일 ⑯ **잡히심**(마 26:47-56) ㉒ **사형 선고**(마 27:15-26)
⑰ **공회 심문**(마 26:57-68) ㉓ **군인들의 조롱**(마 27:27-31)
⑱ **베드로의 부인**(마 26:69-75) ㉔ **십자가에 달리심**(마 27:32-44)
⑲ **유다의 자살**(마 27:3-10) ㉕ **숨을 거두심**(마 27:45-56)
⑳ **빌라도의 심문**(마 27:11-14) ㉖ **무덤에 묻히심**(마 27:57-61)
㉑ **헤롯 앞에 서심**(눅 23:8-12)

금요일에 유다의 배반으로 겟세마네 동산에서 ⑯ 예수님이 잡히시고 세 번의 심문을 받습니다(가야바, 빌라도, 헤롯왕). 그중에 예수님이 ⑰ 가야바의 법정에서 공회의 심문을 받으실 때 ⑱ 베드로가 예수님을 세 번이나 부인하는 이야기를 하려고 합니다.

베드로가 부인한 후 통곡하면서 **어떤 은혜를 받았는지** 알아보겠습니다.

예수님이 하나님의 아들 그리스도임을 확신하게 되었습니다

예수님은 대제사장 가야바의 법정에서 산헤드린 공회의 심문을 받았습니다(마 26:57-61). 처음에 온 공회가 예수님을 죽이려고 거짓 증인들을 많이 데려왔지만, 거짓 증거를 찾지 못했습니다.

> 네가 하나님의 아들 그리스도인지 우리에게 말하라 예수께서 이르시되 **네가 말하였느니라 그러나 내가 너희에게 이르노니 이 후에 인자가 권능의 우편에 앉아 있는 것과 하늘 구름을 타고 오는 것을 너희가 보리라** 하시니(마 26:63-64)

예수님께서 침묵하시자 대제사장이 "네가 하나님의 아들 그리스도인지 말하라"고 물었습니다. 예수님은 "그렇다. 이후에 인자가 권능의 우편에 앉아 있는 것과 하늘 구름을 타고 오는 것을 보리라"고 말씀하셨습니다. 이는 예수님이 심판자로서 세상 끝 날에 공중 재림할 것을 의미합니다. 그러자 대제사장은 자기 옷을 찢으며 "신성모독이므로 사형을 시켜야 한다"라고 말했고, 사람들은 침을 뱉으며 때리고 "그리스도야 우리에게 선지자 노릇을 하라"며 조롱했습니다.

복음이 무엇인가요?

예수 그리스도입니다. "예수는 그리스도"라는 것입니다. 예수님이 전에는 제자들에게만 얘기하고 공개적으로는 말씀하지 않았지만 이런 기회를 통해 처음으로 공개적으로 말씀하셨던 것입니다. 제자들은 예수님의 예언(마 26:31)대로 다 예수님을 버리고 도망갔습니다(마 26:56). 그래도 베드로는 두려웠지만 용기를 내어 가야바의 법정에 와 예수님의 증언을 들었습니다. 베드로는 "주는 그리스도시오 살아 계신 하나님의 아들입니다"(마 16:16)라고 이미 고백하기도 했지만 이런 위기 상황에서 공개적으로 시인하시는 예수님의 말씀을 듣고 난 후, 예수님이 말세에 심판자로서 하나님의 아들 그리스도임을 확신하게 되었습니다.

> 내가 진실로 진실로 너희에게 이르노니 내 말을 듣고 또 나 보내신 이를 믿는 자는 영생을 얻었고 심판에 이르지 아니하나니 사망에서 생명으로 옮겼느니라(요 5:24)

위의 말씀대로 우리는 그리스도이신 예수님을 믿으므로 영생을 얻었고 심판에 이르지 아니하나니 사망에서 생명으로 옮겼습니다. 그러므로 우리도 베드로와 같이 주는 그리스도시오 살아 계신 하나님의 아들임을 확신해야 합니다.

베드로는 철저한 자기 부정으로 새롭게 태어났습니다

마태복음 26:69-75에서 베드로는 예수님이 그리스도이고 말세에 심판자로서 공중 재림할 것이라는 증언을 공개적으로 들었음에도 한 여종이 "너도 갈릴리 사람 예수와 함께 있었다(제자가 아니냐는 뜻)"며 고발하자 당황하여 부인하며 "네가 무슨 말을 하는지 알지 못한다"라고 대답했습니다. 다른 여종이 구체적으로 "이 사람은 나사렛 예수와 함께 있었다"고 고발하니 베드로가 맹세하고 부인하여 "나는 그 사람을 알지 못한다"며 예수님을 그 사람으로 얘기했습니다. 제삼자이니 관계가 없다는 것입니다. 곁에 섰던 사람들이 "너도 그 도당이다 말소리가 너를 표명한다"며 갈릴리 억양까지 문제 삼으니 베드로는 더욱 당황하여 저주하며 맹세하여 "나는 그 사람을 알지 못한다"라고 대답했습니다.

고발자들		베드로	
여종	너도 갈릴리 사람 예수와 함께 있었다	당황하며 부인하여	네가 무슨 말을 하는지 알지 못하겠다
다른 여종	이 사람은 나사렛 예수와 함께 있었다	맹세하고 부인하여	나는 그 사람을 알지 못한다
곁에 섰던 사람들	너도 그 도당이다 네 말소리가 너를 표명한다	저주하며 맹세하여	나는 그 사람을 알지 못한다

그러자 곧 닭이 울었고 베드로는 예수님의 말씀에 "닭 울기 전에 네가 세 번 나를 부인하리라" 하심이 생각나서 밖에 나가 심히 통곡했습니다. 누가복음 22:61에서 닭이 울었을 때 주께서 돌이켜 베드로를 보셨습니다. 눈이 마주 친 것이지요. 그러니 마음이 더욱 찔렸습니다. 예수님이 겟세마네 동산에 기도하러 가시면서 "오늘 밤 다 나를 버리리라"고 하시니 베드로는 "모두 주를 버릴지라도 나는 결코 버리지 않겠나이다"라고 하였고, 예수님이 "오늘 밤 닭 울기 전에 세 번 나를 부인하리라"라고 하시니 베드로는 "주와 함께 죽을지언정 주를 부인하지 않겠나이다"(마 26:35)며 장담했는데 홀로 외로이 증언하는 주님을 지지해주지는 못할망정 철저히 부정했으니 심히 통곡했던 것입니다.

베드로의 부인 사건은 대제사장의 뜰에서 발생한 은밀한 사건이었기 때문에 본인이 털어놓기 전에는 그냥 묻힐 수도 있던 일이었습니다. 베드로는 초대 교회의 지도자로서 권위에 손상이 가고 리더십에 치명적일 수 있었지만 숨기지 않고 치부를 자발적으로 드러내 자기를 부인하고 철저하게 회개했습니다. 전설에 의하면 베드로가 설교하려고 단상에 서면 어디선가 닭 우는 소리가 환청으로 들렸다고 합니다. 얼마나 고통스러웠나 알 수 있습니다.

> 이에 예수께서 제자들에게 이르시되 **누구든지 나를 따라오려거든 자기를 부인하고 자기 십자가를 지고 나를 따를 것이니라** (마 16:24)

마태복음 16:24 말씀대로 예수님을 따르려면 자기를 부인하고 자기 십자가를 지고 따라야 합니다. 이 말씀대로 베드로는 자신의 치부를 자발적으로 드러내고 회개하여 철저한 자기 부정으로 새롭게 태어났습니다.

주님은 그래도 사랑하셔서 주의 일꾼 삼아주셨습니다

요한복음 13:1에서 예수님은 "세상에 있는 자기 사람들을 끝까지 사랑한다"고 합니다. 그러므로 오늘 이야기는 베드로가 후회하며 통곡하는 것으로 끝나지 않습니다. 베드로는 모든 것을 포기하고 갈릴리로 돌아가 다시 어부가 되었지만, 예수님께서는 베드로가 실패하고 후회하며 일생을 살도록 두시지 않았습니다.

> 가서 그의 제자들과 베드로에게 이르기를 예수께서 너희보다 먼저 갈릴리로 가시나니 전에 너희에게 말씀하신 대로 너희가 거기서 뵈오리라 하라(막 16:7)
> 장사 지낸 바 되셨다가 성경대로 사흘 만에 다시 살아나사 게바에게 보이시고 후에 열두 제자에게와 그 후에 오백여 형제에게 일시에 보이셨나니(고전 15:4-6)

마가복음 16:5-7에서 예수님은 다시 살아나셨습니다. 무덤가의 흰옷 입은 청년(천사)이 예수의 시신을 찾던 여인들(막달라 마리아, 야고보 모친 마리아, 살로메)에게 예수의 부활 소식을 누구보다 베드로에게 먼저 전하라고 했습니다.

고린도전서 15:4-6에서 바울이 부활의 목격자들을 순서대로 나열하는 곳에서도 첫 번째가 '게바'였습니다. 예수님은 베드로에게 자신을 먼저 보이셨습니다. 다시 사신 그리스도께서 베드로를 찾으신 것은 그래도 사랑하셔서 주의 일꾼 삼기 위한 것이었습니다.

> 세 번째 이르시되 **요한의 아들 시몬아 네가 나를 사랑하느냐** 하시니 주께서 세 번째 네가 나를 사랑하느냐 하시므로 베드로가 근심하여 이르되 주님 모든 것을 아시오매 내가 주님을 사랑하는 줄을 주님께서 아시나이다 예수께서 이르시되 **내 양을 먹이라**(요 21:17)

요한복음 21:15-17에서 예수님은 갈릴리 호숫가에서 베드로에게 나타나셔서 "네가 나를 사랑하느냐"고 물었습니다. 베드로는 "주님을 사랑하는 줄 주님이 아시나이다"라고 대답했습니다. 그리고 주님은 "내 양을 치라"는 말씀을 세 번이나 반복했습니다. 세 번째에는 베드로가 근심하며 대답했습니다. 예수님은 베드로의 영원한 상처인 '세 번 부인'을 '세 번의 사랑 고백'으로 상쇄시켜 죄의식과 상처를 어루만지시고, "내 양을 치라" 명령하여 사명을 주셨습니다. 주님은 베드로를 그래도 사랑하셔서 주의 일꾼 삼아 주셨습니다.

성도 여러분! 인생의 고난 가운데 예수님을 부인하고 떠난 적이 있습니까? 내가 나를 버려도 주님은 나를 버리지 않습니다. 주님은 세상에 있는 자기 사람들을 끝까지 사랑하십니다. 주님께서 찾아오셔서 "네가 나를 사랑하느냐"고 물으시고, "네! 주님을 사랑합니다"라고 대답하면 주님은 "내 양을 치라" 하시며 우리를 그래도 사랑하셔서 주의 일꾼 삼아주실 것입니다.

베드로가 부인한 후 통곡하면서 어떤 은혜를 받았는지

베드로는 예수님이 하나님의 아들 그리스도임을 확신하게 되었습니다. 그럼에도 베드로는 주님을 세 번이나 부인했지만 철저한 자기 부정으로 새롭게 태어났습니다. 주님은 그래도 사랑하셔서 그를 다시 주의 일꾼 삼아주셨습니다. "예수는 그리스도"라는 복음의 확신을 갖고 철저한 자기 부정으로 새롭게 태어나 주의 일꾼으로 거듭난 베드로와 같이 통곡의 은혜를 받는 성도들이 되기를 예수 그리스도의 이름으로 축복합니다.

베드로는 자신의 치부를
자발적으로 드러내고
회개하여 철저한 자기 부정으로
새롭게 태어났습니다.

16. 어떻게 고난을 받으셨나

③ 빌라도 재판, 예루살렘 빌라도법정

> 빌라도가 세 번째 말하되 이 사람이 무슨 악한 일을 하였느냐 나는 그에게서 죽일 죄를 찾지 못하였나니 때려서 놓으리라 하니 그들이 큰 소리로 재촉하여 십자가에 못 박기를 구하니 그들의 소리가 이긴지라 이에 빌라도가 그들이 구하는 대로 하기를 언도하고 그들이 요구하는 자 곧 민란과 살인으로 말미암아 옥에 갇힌 자를 놓아 주고 예수는 넘겨 주어 그들의 뜻대로 하게 하니라(눅 23:22-25)

1) 성지 순례

① 빌라도 법정

금요일에 예수님은 겟세마네 동산에서 잡히고 가야바의 법정에서 심문을 받은 후, 예루살렘 성 안에 있는 로마 총독 빌라도에게 넘겨져 심문을 받고 사형 선고를 받아 고난을 받는다. "이에 빌라도가 그들이 구하는 대로 하기를 언도하고 그들이 요구하는 자 곧 민란과 살인으로 말미암아 옥에 갇힌 자를 놓아 주고 예수는 넘겨 주어 그들의 뜻대로 하게 하니라"(눅 23:24-25).

빌라도 법정(안토니아 요새)은 사자문을 통해 100m 정도 들어가

빌라도법정: cafe.daum.net pyungsan4

면 왼쪽에 있다. 이곳은 십자가의 길 1지점으로 빌라도가 예수님에게 사형 선고를 내렸던 장소이다. 이곳은 헤롯 왕의 친구였던 안토니아를 위해 만든 "안토니아 요새"였는데 A.D. 70년 로마에 의해 파괴되었다. 빌라도 법정 자리에는 현재 아랍 초등학교가 있다. 금요일 오후에만 개방하므로 순례하기 어렵다.

2) 설교 말씀

예수님의 마지막 일주일 중 금요일에는 11개의 사건이 일어났습니다. 오늘은 유다의 배반으로 겟세마네 동산에서 예수님이 잡히시고 가야바의 법정에서 심문을 받은 후, 예루살렘 성안에 있는 로마 총독 ⑳ 빌라도에게 넘겨져 심문을 받고 ㉑ 헤롯 앞에 서셨다가 다시 빌라도에게 와 ㉒ 사형 선고를 받아 고난을 받은 이야기를 하려고 합니다.

[예수님의 마지막 일주일]

금요일 ⑯ 잡히심(마 26:47-56) ㉒ **사형 선고**(마 27:15-26)
       ⑰ 공회 심문(마 26:57-68) ㉓ 군인들의 조롱(마 27:27-31)
       ⑱ 베드로의 부인(마 26:69-75) ㉔ 십자가에 달리심(마 27:32-44)
       ⑲ 유다의 자살(마 27:3-10) ㉕ 숨을 거두심(마 27:45-56)
       ⑳ **빌라도의 심문**(마 27:11-14) ㉖ 무덤에 묻히심(마 27:57-61)
       ㉑ **헤롯 앞에 서심**(눅 23:8-12)

금요일 새벽(6시경)에 예수님이 결박을 당한 채 빌라도 앞에 끌려오셨습니다. 종교 지도자들은 반대 여론이 일어나지 않도록 안식일(토요일) 전에 일을 마무리하려고 최대한 빨리 움직였습니다. 그들은 아무 저항도 하지 않으시는 예수님을 결박하여 흉악범처럼 취급하고 정치범으로 몰아 총독의 사형 선고를 이끌어 내려는 것입니다. 이렇듯 예수님은 하룻밤 사이에 가야바의 종교 법정과 빌라도의 군사 법정에 서셨습니다. 이사야 53:5-12에서 주님은 우리 죄 때문에 고난 받으셨고(5절), 죄인들을 위해 범죄자 중 하나(12절)가 되신 것입니다.

무리가 다 일어나 예수를 빌라도에게 끌고 가서 고발하여
이르되 우리가 이 사람을 보매 우리 백성을 미혹하고 가이

사에게 세금 바치는 것을 금하며(납세거부죄) 자칭 왕 그리스도라(반란도모죄) 하더이다(눅 23:1-2)

누가복음 23:1-2에서 무리[대제사장들, 장로들, 서기관들(막 15:1) 관리들과 백성(눅 23:13)]가 다 일어나 예수님을 납세거부죄와 반란도모죄로 고소했습니다. 산헤드린 공회가 예수님을 신성모독죄로 정죄했지만, 이 죄목은 빌라도 법정에서는 효력이 없었습니다. 그래서 대제사장들은 정치적 이유로 고발했던 것입니다. 예수님은 이런 죄목에 침묵하셨습니다(마 27:12-14). 이런 태도는 빌라도를 매우 놀라게 만들었습니다. 대부분의 사람은 거짓말까지 하면서 자신을 변호하고 어떻게든지 빠져나가려고 합니다. 하지만 주님은 자신을 변호하지 않고 스스로 범죄자가 되어 죽음의 길을 자청하셨습니다. 가야바 법정과 마찬가지로 빌라도 법정도 빌라도에게 모든 것이 달린 듯 보이지만 실상 모든 것을 주도하는 분은 주님이셨습니다. 빌라도가 첫 질문으로 "네가 유대인의 왕이냐"고 물으니 예수님은 "네 말이 옳도다"라고 대답했습니다. 빌라도는 "내가 보니 이 사람에게 죄가 없도다"라며 무리에게 말했습니다.

> 예수께서 대답하시되 **내 나라는 여기에 속한 것이 아니니라 … 이를 위하여 세상에 왔나니 곧 진리에 대하여 증언하려 함이로라 무릇 진리에 속한 자는 내 음성을 듣느니라**(요 18:36-37b)

요한복음 18:33-38에서 자세히 살펴보면, 빌라도가 "네가 유대인의 왕이냐"라고 물으니 예수님은 자신의 나라가 이 세상에 속한 것이 아니라는 것을 전제하고 나서 자신이 왕이라 했고 진리에 대해 증언하기 위해 세상에 왔다고 했습니다.

그래서 빌라도는 예수님이 세속 권력을 목적으로 하지 않음을 알게 되어 반역의 죄가 없다는 결론을 냈습니다. 다만 그들이 시기로 예수를 고소했다 판단한 것입니다(마 27:18; 막 15:10).

그러면 예수님은 **어떻게 고난을 받으셨나요?**

교활한 헤롯에게 책임을 미룰 수 없었습니다

무리가 강하게 반발하며 "그가 갈릴리에서부터 시작하여 여기까지 와서 백성을 소동하게 했다"라고 말했습니다. 일순간 빌라도는 예수가 갈릴리 출신이니 갈릴리 책임자인 분봉왕 헤롯(안티파스)에게 떠넘기면 되리라 생각하고 예루살렘에 있는 헤롯에게 보냈습니다. 헤롯은 예수님을 보고 기뻐했는데, 이는 심각한 상황에서 기적 쇼를 기대했기 때문이었습니다. 여러 말로 물으나 아무 대답도 하지 않으시니 포기하고 군인들과 함께 예수님을 희롱했습니다(눅 23:8-12).

분봉 왕 헤롯이 이 모든 일을 듣고 심히 당황하니 이는 어떤

사람은 요한이 죽은 자 가운데서 살아났다고도 하며(눅 9:7)

곧 그 때에 어떤 바리새인들이 나아와서 이르되 나가서 여기를 떠나소서 헤롯이 당신을 죽이고자 하나이다(눅 13:31)

헤롯은 예수님이 전에 자신이 죽인 침례(세례) 요한이 환생한 것이라는 얘기를 듣고 심히 당황했지만 만나 보고 싶어 했고, 두려운 나머지 예수님을 죽이려고도 했습니다. 그렇게 예수님을 두려워했던 헤롯은 이제 예수님을 우습게 보고 업신여기며 희롱했던 것입니다. 헤롯은 예수님에게 빛난 옷(왕의 옷)을 입혀 어릿광대로 만들어 빌라도에게 도로 보냈습니다. 예수님이 헤롯에게 가서 심문도 제대로 받지 않고 돌아오므로 빌라도는 헤롯에게 책임을 미룰 수 없게 되었습니다.

예수님은 한밤중에 잡혀 가야바 법정으로, 빌라도 법정으로, 그리고 이제 헤롯에게 보내져 심문을 받으면서 채찍에 맞고 희롱을 당하며 피투성이가 되도록 고난을 받았습니다. 하지만 예수님은 하나님께서 맡겨주신 사명을 잘 감당하기 위하여 꿋꿋하게 버티며 의연함을 잃지 않으셨습니다. 우리도 주님과 같이 맡겨진 사명을 고난 앞에서도 묵묵히 감당하고 책임져야 합니다. 특별히 어려운 시대에는 버텨야 삽니다. 성도들은 주님의 고난을 생각하며 답답하면 기도하고, 답답하면 찬양하며 "은혜로 버텨야 삽니다."

변절한 무리로 인하여 고난을 받으셨습니다

> 14 보라 내가 너희 앞에서 심문하였으되 너희가 고발하는 일에 대하여 이 사람에게서 죄를 찾지 못하였고
> 15 헤롯이 또한 그렇게 하여 그를 우리에게 도로 보내었도다 보라 그가 행한 일에는 죽일 일이 없느니라
> 16 그러므로 때려서 놓겠노라(눅 23:14b-16)

누가복음 23:13-16에서 빌라도는 하는 수 없이 대제사장들과 관리들과 백성들을 불러 모아 설득했습니다. ① 심문해 보았으나 심각한 범죄가 발견되지 않았다(14절). ② 헤롯도 범죄 사실을 찾지 못해 되돌려 보냈다(15절). ③ 그가 행한 일에는 죽일 일이 없으니 때려서 풀어주겠다(16절)고 하며 세 가지로 설득했습니다. 빌라도가 세 번씩이나 설득한 것은 아내가 꿈 얘기를 하며 "저 옳은 사람에게 아무 상관도 마라 오늘 꿈에 그 사람으로 인하여 애를 많이 태웠다"(마 27:19)고 미리 언질을 주었기 때문입니다.

> 빌라도가 세 번째 말하되 이 사람이 무슨 악한 일을 하였느냐 나는 그에게서 죽일 죄를 찾지 못하였나니 때려서 놓으리라 하니 그들이 큰 소리로 재촉하여 십자가에 못 박기를 구하니 그들의 소리가 이긴지라(눅 23:22-23)

하지만 무리가 "바라바를 풀어주고 예수를 십자가에 못 박아라"

라며 일제히 소리 질렀습니다. 빌라도는 세 번씩이나 설득했지만 무리는 세 번 다 거부했습니다(18, 21, 23절). 저자 누가는 "그들의 소리가 이겼다"(23절)고 결론을 내렸습니다.

예수님은 온 유대를 돌아다니며 가르치고(Teaching), 전파하고(Preaching), 병을 고쳐주며(Healing) 온 힘을 다해 백성들을 섬겼습니다. 많은 백성이 예수님을 따랐습니다. 지금까지 대제사장들이 예수님께 손을 대지 못한 것은 예수님을 따르는 백성들을 두려워했기 때문입니다(눅 22:2). 이런 백성들의 군중 심리에 미묘한 변화가 생겼습니다. 대제사장들의 선동에 분별력이 없는 사람들의 일부는 침묵하고 방관했으며 다수는 변절했습니다. 이들은 무리가 되어 소리 지르며 빌라도에게 압력을 가했고 예수님을 십자가에 못 박게 만들었습니다. 빌라도의 설득은 무리의 소리를 이길 수 없었고 예수님의 사랑은 반역죄라는 죄목으로 돌아왔습니다. 예수님은 변절한 무리(대제사장들, 장로들, 서기관들, 관리들과 변절한 백성)로 인해 고난을 받으셨습니다. 우리는 군중들의 소리에 현혹되지 말고, 오직 예수 윤리에 비추어 판단하므로 하나님의 정의를 실현해 나가야 합니다.

빌라도의 정치적 결정으로 고난을 받으셨습니다

이에 빌라도가 그들이 구하는 대로 하기를 언도하고 그들이 요구하는 자 곧 민란과 살인으로 말미암아 옥에 갇힌 자를

> 놓아 주고 예수는 넘겨 주어 그들의 뜻대로 하게 하니라(눅 23:24-25)

24절에서 빌라도는 법정에서 가장 정의로운 사법적 판단이 요청되는 일에 변절한 무리의 소리를 이길 수 없어 무리에게 만족을 주고자(막 15:15) 그들이 구하는 대로 언도(선고)했습니다(24절). 로마법에 따라 선고한 것도 아니고 무리가 구하는 대로 선고하는 "정치적 결정"을 내린 것입니다. 빌라도는 무리의 요구에 굴복하여 민란과 살인한 바라바는 놓아주고, 죄가 없는 줄 알면서도 예수님을 십자가에 못 박도록 넘겨주었습니다.

> 빌라도가 아무 성과도 없이 도리어 민란이 나려는 것을 보고 물을 가져다가 무리 앞에서 손을 씻으며 이르되 이 사람의 피에 대하여 나는 무죄하니 너희가 당하라(마 27:24)

선고하기 전에 빌라도는 무리 앞에서 손을 씻으며 "나는 이 사람의 피에 대해 무죄하다 너희가 당하라"고 하였습니다. 자신은 예수님의 죽음에 대해 무관하다고 생각하겠지만 가룟 유다처럼 불법과 타협한 책임을 피할 수 없습니다. 세상 끝날 심판 때에 하나님 앞에 서면 두 가지 책(생명책, 행위책)이 놓여있습니다. 그중 행위책(계 20:12)에 무리의 부당한 압력과 빌라도의 정치적 선고가 낱낱이 기록됐을 것입니다. 빌라도는 정치적인 결정을 내려 예수님을 십자가에 못 박도록 넘겨주었습니다. 오늘날에도 위정자들이 백성들의 인기를 얻고자 정치적인 결정을 하는 경우를 많이 봅니다. 말씀을 왜곡하고 교회를 공격하기도 합니다. 그리스도인들은 이런 정치적 결정에 예수 윤리에 비추어 항변해야 합니다.

어떻게 고난을 받으셨나

예수님은 변절한 무리와 빌라도의 정치적 결정으로 십자가에 못 박히는 고난을 받으셨습니다. 우리는 예수 십자가 고난을 생각하며 무리(군중)의 소리에 현혹되지 말고, 위정자들의 인기를 위한 정치적 결정을 예수 윤리에 비추어 판단하므로 하나님의 정의를 실현해가는 성도들이 되기를 예수 그리스도의 이름으로 축복합니다.

빌라도 자신은 예수님의 죽음에 대해
무관하다고 생각하겠지만 가룟 유다처럼
불법과 타협한 책임을 피할 수 없습니다.

17. 십자가에 못 박혀 죽으심

④ 십자가 죽음, 예루살렘 성묘교회

> 예수께서 다시 크게 소리 지르시고 영혼이 떠나시니라 이에 성소 휘장이 위로부터 아래까지 찢어져 둘이 되고 땅이 진동하며 바위가 터지고 무덤들이 열리며 자던 성도의 몸이 많이 일어나되 예수의 부활 후에 그들이 무덤에서 나와서 거룩한 성에 들어가 많은 사람에게 보이니라 백부장과 및 함께 예수를 지키던 자들이 지진과 그 일어난 일들을 보고 심히 두려워하여 이르되 이는 진실로 하나님의 아들이었도다 하더라(마 27:50-54)

1) 성지 순례

　금요일에 예수님이 빌라도 법정에서 사형 선고를 받고 십자가의 길을 걸으신 후, 십자가에 달리시고 숨을 거두시어 무덤에 묻히셨다. "예수께서 다시 크게 소리 지르시고 영혼이 떠나시니라 이에 성소 휘장이 위로부터 아래까지 찢어져 둘이 되고 땅이 진동하며 바위가 터지고 … 예수를 지키던 자들이 지진과 그 일어난 일들을 보고 심히 두려워하여 이르되 이는 진실로 하나님의 아들이었도다 하더라"(마 27:50-54).
　십자가의 길(Via Dolorosa)은 라틴어로 고통의 길을 의미하며 빌라도 법정에서 골고다(히브리어 גלגלתא, 해골) 언덕이 있는 성묘교회까지 십자가를 지고 가신 예수님의 고난의 길이다. 이 길은 1294년에 라칼두스 신부에 의해 그 위치가 설정되었고 1540년경 프란체스코 수도자들에 의해 확정되었다. 십자가의 길은 구불구불한 760m의 거리로 예수님이 머물렀던 장소가 14개 있는데 5개는 성묘교회 안에 있다.

1지점: 재판을 받으신 장소(빌라도 법정)
16장「빌라도 재판」참고

2지점: 채찍 맞으신 장소(채찍교회)

2지점 채찍교회

예수님은 빌라도의 사형 선고 이후 이곳으로 끌려와 채찍을 맞으셨다. 당시 채찍은 바늘이 달린 갈고리 모양으로 출혈이 많아 십자가형 죄인을 빨리 죽게 하려고 사용했다. 예수님은 길에 나서기도 전에 피투성이가 되었다. 십자군 시대 때 이 장소에 교회가 세워졌다가 1927년 이탈리아 건축가 안토니오 발루치가 재건했다. "그가 찔림은 우리의 허물 때문이요 그가 상함은 우리의 죄악 때문이라

3지점 처음 쓰러지신 장소

그가 징계를 받으므로 우리는 평화를 누리고 그가 채찍에 맞으므로 우리는 나음을 받았도다"(사 53:5).

3지점: 처음 쓰러지신 장소(아르메니안교회)

2지점에서 200m 정도 이동하면 예수님이 무거운 십자가(35-57kg)를 지고 가다 기진맥진하여 처음 쓰러지신 장소가 있다. 이곳에 아르메니안 정교회의 경당이 있는데 경당 입구 위에는 'Ⅲ'이란 표시가 있고 예수님이 쓰러지신 모습의 부조가 있다.

4지점: 어머니 마리아와 눈이 마주치신 장소(아르메니안교회)

예수님이 처음 쓰러지시고 몇 걸음 걷다 어머니 마리아와 눈이 마주치신 장소이다. 이곳에 아르메니안 정교회가 세운 기념 교회가 있는데 입구 위에 예수님이 어머니 마리아를 만나는 부조가 있다.

4지점 어머니 마리아를 만나셨던 장소

5지점: 구레네 시몬이 십자가 대신 진 장소 (프란체스코 수도회 경당)

5지점 구레네 시몬이 십자가 대신 진 장소

예수님이 제대로 걷지를 못하자 로마 군인들은 하는 수 없어 지나가는 구레네 시몬에게 십자가를 대신 억지로 지고 가게 했다. 이곳에 프란체스코 수도회 경당이 있다. 사진에는 십자가를 지고 예수님의 고난을 체험하는 순례객들이 있다.

6지점: 베로니카가 얼굴을 닦아준 장소(그리스 가톨릭 교회)

7지점: 두 번째 쓰러지신 장소(프란체스코 수도회 경당)

8지점: 너희 자녀를 위해 울라 말씀하신 장소(십자가와 NIKA 새겨진 돌)

9지점: 세 번째 쓰러지신 장소(콥틱교회)

9지점 세 번째 쓰러지신 장소

예수님은 골고다까지 기진하여 세 번이나 쓰러지셨다. 이곳엔 이집트 정교회 소속 콥틱교회가 있다. 교회 입구 왼쪽엔 십자가 문양이 있는 로마 시대 기둥이 있다. 이곳이 예수님이 세 번째 쓰러지신 장소이다.

10지점: 옷을 벗긴 장소(성묘교회)

성묘교회 입구 사진 우측 아래 돌출 부분이 예수님을 십자가에 못 박기 위해서 옷을 벗긴 장소인데 붉은 창문이 있는 교회라고 한다.

10-14지점 성묘교회

로마 군인들은 예수님의 옷을 벗기고 제비 뽑아 나누어 가졌다. "십자가에 못 박고 그 옷을 나눌새 누가 어느 것을 가질까 하여 제비를 뽑더라"(막 15:24).

이 골고다 언덕 위에 A.D. 336년 콘스탄티누스 황제의 어머니 헬레나 황후가 성묘교회를 세웠다. 그녀는 성묘교회, 베들레헴의 예수탄생교회, 감람산의 주기도문교회를 봉헌하여 비잔틴 시대의 3대 교회를 세웠다. 이후 페르시아와 이슬람에 의해 폐허가 되었다. 1099년 1차 십자군 원정에서 예루살렘을 탈환하고 1149년에 재건했다. 1959년 러시아 아르메니아 정교회, 로마 가톨릭, 그리스 정교회, 기독교, 라틴교회, 이집트 콥틱교회가 서로 합의하여 1961년부터 보수하며 유지하고 있다.

11지점 십자가에 못 박힌 장소

12지점 숨을 거두신 장소

11지점: 십자가에 못 박힌 장소(성묘교회)

성묘교회 입구를 들어가 오른 쪽 가파른 계단을 오르면 골고다 언덕(붉은창문교회 2층)이 나온다. 이곳에는 예수님이 못 박히시는 모습과 예수님을 지켜보는 어머니 마리아의 모습을 담은 모자이크가 있다. "때가 제삼시가 되어 십자가에 못 박으니라"(막 15:25).

12지점: 십자가에서 숨을 거두신 장소(성묘교회)

예수님은 아침 6시에 빌라도에게 재판을 받으시고 사형 선고를 받으신 후 9시에 십자가에 달리셨다. 12시가 되자 온 땅에 어둠이 임하여 계속되었고 3시쯤에 예수님께서 "엘리 엘리 라마 사박다니 하나님 하나님 어찌하여 나를 버리셨나이까"(마 27:46)라고 크게 소리 치셨다. "내가 목마르다"(요 19:28), "다 이루었다"(요 19:30), "내 영혼을 아버지 손에 부탁하나이다"(눅 23:46)라고 하시고 영혼이 떠나셨다. "이에 성소 휘장이 위로부터 아래까지 찢어져 둘이 되고 땅이 진동하며 바위가 터져 나갔다"(마 27:51). 제단(사진 가운데) 아래에 십자가를 세웠던 지름 10cm 되는 구멍이 있다. 성도들이 구멍에 손을 넣고 기도하기 위해 줄을 서서 기다리고 있다.

13지점: 시신을 내려놓은 장소(성묘교회)

십자가에서 운명하신 예수님의 시신을 내렸던 장소이다(눅 23:53). 사진에서 내가 예수님의 시신이 놓였던 곳에 손을 얹고 기도하고 있다. 우리도 바위 위에 손을 얹고 기도해보자.

13지점 시신을 내려놓은 장소

14지점: 요셉이 장사지낸 무덤(성묘교회)
18장 「부활하심」 참고1

2) 설교 말씀

마지막 일주일 금요일에 예수님이 빌라도 법정에서 ㉒ 사형 선고를 받고 ㉓ 군인들의 조롱을 받고 십자가의 길을 걸으신 후 ㉔ 십자가에 달리시고 ㉕ 숨을 거두시고 ㉖ 무덤에 묻히시는 이야기를 하려고 합니다.

[예수님의 마지막 일주일]

금요일	⑯ 잡히심(마 26:47-56)	㉒ **사형 선고**(마 27:15-26)
	⑰ 공회 심문(마 36:57-68)	㉓ **군인들의 조롱**(마 27:27-31)
	⑱ 베드로의 부인(마 26:69-75)	㉔ **십자가에 달리심**(마 27:32-44)
	⑲ 유다의 자살(마 27:3-10)	㉕ **숨을 거두심**(마 27:45-56)
	⑳ 빌라도의 심문(마 27:11-14)	㉖ **무덤에 묻히심**(마 27:57-61)
	㉑ 헤롯 앞에 서심(눅 23:8-12)	

십자가의 길(Via Dolorosa) 14지점을 설명해보면 금요일 한밤중에 예수님이 유다의 배반으로 겟세마네 동산에서 잡히시고 가야바 법정에서 공회의 심문을 받고 새벽 6시경에 ① 빌라도 법정에 끌려오셨습니다. 빌라도는 변절한 무리의 "십자가에 못 박아라"는 소리를 이길 수 없어 사형 선고를 내리고 예수님을 십자가에 못 박도록 넘겨주었습니다. ② 예수님은 심문을 받으면서 많이

맞아 이미 피투성이였는데 로마 군사들은 채찍으로 사정없이 때렸습니다. 홍포를 입히고 가시관을 씌우며 "유대인의 왕이여 평안하냐"라며 조롱했습니다. 로마 군사들은 예수님을 십자가에 못 박으려고 끌고 나갔습니다. ③ 예수님은 피투성이가 되고 기진맥진하여 무거운 십자가를 지고 길을 걷자마자 쓰러지셨습니다. ④ 어머니 마리아와 눈이 마주치셨습니다. ⑤ 로마 군사들은 하는 수 없이 지나가는 구레네 시몬에게 십자가를 대신 지고 가게 했습니다. 그 와중에 위로의 손길이 있었습니다. ⑥ 베로니카가 피와 땀이 나고 피골이 상접한 예수님의 얼굴을 닦아주었습니다. ⑦ 예수님이 두 번째 쓰러지셨습니다. ⑧ 안타까워하며 따라오는 여인들에게 "너희 자녀를 위해 울라"고 말씀하시기도 했습니다. ⑨ 골고다까지 760m 거리지만, 예수님은 기진하여 세 번이나 쓰러지셨습니다. 가파른 골고다 언덕에 오르니 로마 군인들이 ⑩ 옷을 벗기고 ⑪ 예수님을 십자가에 못 박고 그 옷을 제비 뽑아 나누었습니다. 그리고 예수님은 십자가에 달리셨습니다. 예수님이 십자가 위에서 ⑫ 숨을 거두신 후 ⑬ 시신을 내려놓고 ⑭ 아리마대 요셉이 무덤에 안장하였습니다.

[십자가의 길(Via Dolorosa) 14지점]

1지점: 재판을 받은 장소(빌라도 법정)

2지점: 채찍 맞으신 장소(채찍교회)

3지점: 처음 쓰러지신 장소(아르메니안교회)

4지점: 어머니 마리아와 눈이 마주치신 장소(아르메니안교회)

5지점: 구레네 시몬이 십자가를 대신 진 장소(프란체스코 수도회 경당)

6지점: 베로니카가 얼굴을 닦아준 장소(그리스 가톨릭 교회)

7지점: 두 번째 쓰러지신 장소(프란체스코 수도회 경당)

8지점: 너희 자녀를 위해 울라 말씀하신 장소(십자가와 NIKA 새겨진 돌)

9지점: 세 번째 쓰러지신 장소(콥틱교회)

10지점: 옷을 벗긴 장소(성묘교회)

11지점: 십자가에 못 박힌 장소(성묘교회)

12지점: 십자가에서 숨을 거두신 장소(성묘교회)

13지점: 시신을 내려놓은 장소(성묘교회)

14지점: 요셉이 장사지낸 무덤(성묘교회)

그럼 **십자가에 못 박혀 죽으심**은 어떤 의미일까요?

예언(구약)의 성취였습니다

그가 찔림은 우리의 허물 때문이요 그가 상함은 우리의 죄악 때문이라 그가 징계를 받으므로 우리는 평화를 누리고 그가 채찍에 맞으므로 우리는 나음을 받았도다 … 마치 도수장으로 끌려 가는 어린 양과 털 깎는 자 앞에서 잠잠한 양 같이 그의 입을 열지 아니하였도다 (사 53:5, 7b)

십자가에 못 박혀 죽으심은 이사야 53:5에서 예언되었는데 "그가 찔림은 우리의 허물 때문이요 그가 상함은 우리의 죄악 때문이라 … 마치 도살장에 끌려가는 어린 양 같다"고 나옵니다.

> 내 겉옷을 나누며 속옷을 제비 뽑나이다(시 22:18)
> 내 힘이 말라 질그릇 조각 같고 내 혀가 입천장에 붙었나이다(시 22:15)
> 그의 모든 뼈를 보호하심이여 그 중에서 하나도 꺾이지 아니하도다(시 34:20)
> 그들이 그 찌른 바 그를 바라보고(슥 12:10)

로마 군인들이 예수님을 십자가에 못 박은 후 옷을 제비 뽑아 나누었는데(마 27:35) 이는 시편 22:18에 나옵니다. 예수님은 십자가에서 "내가 목마르다"(요 19:28)고 했는데 시편 22:15에 "내 힘이 말라 질그릇 조각 같고 내 혀가 입천장에 붙었나이다"라고 기록합니다. 유대인들은 다음 날이 안식일이므로 안식일에 시체를 십자가에 두지 않으려 빌라도에게 다리를 꺾어 시체를 치워달라 했습니다. 군인들이 예수님과 함께 십자가에 못 박힌 사람들의 다리를 꺾고 예수님께 가보니 이미 죽으셨으므로 다리를 꺾지 않았습니다. 한 군인이 창으로 옆구리를 찌르니 피와 물이 나왔습니다(요 19:31-34). 이는 시편 34:20에 "그 뼈가 하나도 꺾이지 않는다"와 스가랴 12:10에 "그들이 그 찌른 바 그를 바라보고"의 예언이 성취된 것입니다. 이처럼 "십자가에 못 박혀 죽으심"은 처음부터 마지막까지 하나님의 말씀 성취와 관련됩니다. 고난을 당하심, 옷

나눔, 목마르다 하심, 다리를 꺾지 않게 된 것 등 모두 구약의 성취라 할 수 있습니다. 따라서 이 사건의 세세한 부분까지 하나님은 계획하셨고 그 뜻을 이루어가신 것입니다. 사람들이 자신의 뜻에 따라 한 것 같지만 결국 하나님의 뜻을 이루는데 사용되었습니다. 그래서 예수님께서는 '다 이루었다'고 말씀하셨습니다. 하나님께서 계획하시고 예수님이 하고자 한 일을 다 이루신 것입니다.

예수님께서 '십자가에 못 박혀 죽으심'은 예언의 성취였습니다. 이는 하나님께서 모든 인생사를 계획하신다는 의미입니다. 우리의 삶도 하나님께서 다 계획하셨습니다. 우리는 하나님의 뜻을 잘 알아 우리가 해야 할 일을 행하고 인생 끝에 '다 이루었다' 말할 수 있기를 소망합니다.

만인의 죄를 단번에 영원히 사하셨습니다

[예수님의 가상 칠언]

① 아버지 저들을 사하여 주옵소서(눅 23:34)

② 오늘 네가 나와 함께 낙원에 있으리라(눅 23:43)

③ 여자여 보소서 아들이니이다(요 19:26)

④ 엘리 엘리 라마 사박다니(마 27:46; 막 15:34)

⑤ 내가 목마르다(요 19:28)

⑥ 다 이루었다(요 19:30)

⑦ 내 영혼을 아버지 손에 부탁하나이다(눅 23:46)

예수님은 아침 6시에 빌라도에게 재판을 받으시고 사형 선고를 받아 9시에 십자가에 달리셨습니다. 예수님은 십자가 위에서 7가지 말씀을 하셨습니다. 이를 가상칠언이라 합니다. 12시가 되자 온 땅에 어둠이 임하여 계속되었는데 3시쯤에 예수님께서 "엘리 엘리 라마 사박다니 하나님 하나님 어찌하여 나를 버리셨나이까"(마 27:46), "내가 목마르다"(요 19:28), "다 이루었다"(요 19:30), "내 영혼을 아버지 손에 부탁하나이다"(눅 23:46)라고 하시고 영혼이 떠나셨습니다.

> 예수께서 다시 크게 소리 지르시고 영혼이 떠나시니라 이에 성소 휘장이 위로부터 아래까지 찢어져 둘이 되고 땅이 진동하며 바위가 터지고 무덤들이 열리며 자던 성도의 몸이 많이 일어나되 예수의 부활 후에 그들이 무덤에서 나와서 거룩한 성에 들어가 많은 사람에게 보이니라(마 27:50-53)

이에 ① 성소 휘장이 찢어져 둘이 되고 ② 지진이 일어나며 ③ 무덤에서 자던 성도가 많이 일어났습니다. 이들은 예수님 부활 후 예루살렘 성에 들어가 많은 사람에게 보였습니다. 하나님께서 이 모든 것이 하나님의 뜻이었음을 사람들에게 가시적으로 나타내신 것입니다. 예수님이 십자가 위에서 돌아가시고 은혜를 많이 받은 사람은 뜻밖에 여인들도, 요한과 제자들도 아닌 십자가 아래에서 사역하고 있던 백부장과 로마 군인들이었습니다. 그들은 예수님이 숨을 거두시고 일어난 지진 등, 하나님의 역사하심을 현장에서 가장 실감 나게 체험했던 증인들이기도 했습니다. 그래서 믿지 않는 백부장과 군인들이 일어난 일을 보고 심히 두려워하여 "진실로 하나님의 아들이었다"(마 27:54)고 고백했습니다.

> 염소와 송아지의 피로 하지 아니하고 오직 자기의 피로 **영원한 속죄를** 이루사 **단번에** 성소에 들어가셨느니라(히 9:12)
>
> 12 오직 그리스도는 죄를 위하여 한 **영원한 제사를** 드리시고 하나님 우편에 앉으사
> 18 이것들을 사하셨은즉 다시 죄를 위하여 **제사 드릴 것이 없느니라**
> 20 그 길은 우리를 위하여 휘장 가운데로 열어 놓으신 새로운 살 길이요 휘장은 곧 그의 육체니라(히 10:12, 18, 20)

성소 휘장이 찢어진 것은 이제 성전 시대가 종식되었음을 의미합니다. 성전 시대에는 대제사장을 통해 제물을 바쳐 희생 제사를 드려야 죄 사함을 받을 수 있었습니다. 히브리서 10:18-20의 말씀대로 예수님께서 십자가에서 죽으심으로 성소의 휘장이 찢어져 새로운 길을 열어놓으셨습니다. 우리 죄를 사하셨으므로 죄를 위하여 제사 드릴 것이 없게 되었습니다. 이는 염소와 송아지의 피로 하지 아니하고 예수님의 피로 단번에 영원한 속죄를 이루는 제사를 드렸기 때문입니다(히 9:12; 10:12). 성소의 휘장이 찢어진 후에 성도들은 만인 제사장이 되어 하나님께 직접 기도하고 예배할 수 있게 되었습니다. 다만 이를 예수님의 이름으로 행해야 합니다.

> 내가 그리스도와 함께 십자가에 못 박혔나니 그런즉 이제는 내가 사는 것이 아니요 오직 내 안에 그리스도께서 사시는 것이라 이제 내가 육체 가운데 사는 것은 나를 사랑하사 나를 위하여 자기 자신을 버리신 하나님의 아들을 믿는 믿음 안에서 사는 것이라(갈 2:20)

예수님께서 '십자가에 못 박혀 죽으심'으로 만인의 죄를 단번에 영원히 사하셨습니다. 그러므로 "내가 그리스도와 함께 십자가에 못 박혔나니 그런즉 이제는 내가 사는 것이 아니요 오직 내 안에 그리스도께서 사시는 것이라"(갈 2:20)는 말씀대로 앞으로는 나를 사랑하사 나를 위하여 자기 자신을 버리신 하나님의 아들 예수 그리스도를 위하여 살아야 하겠습니다. 예수 그리스도를 위하여 사는 것이 무엇입니까? 예수님과 함께 사는 것입니다. 아침에 일어나면 기도하고 출근하면서 찬양하고 일하면서 감사하며 예수님과 동행하는 삶을 사는 것입니다.

예수의 이름을 부르고 믿는 자를 구원하셨습니다

누가복음 23:39-43에 행악자 둘이 예수님 좌우편 십자가에 못 박혔는데 한 사람은 "네가 그리스도면 우리를 구원하라"며 비방했습니다. 다른 한 사람은 "우리는 행한 일에 보응을 받지만 이 사람이 행한 것은 옳다"고 하였습니다. 그리고 예수님을 바라봤습니다.

그는 행악하는 일이 바빠 예수님을 본 적도, 말씀을 들은 적도 없었습니다. 예수님에 대해 아는 것이 전혀 없었습니다. 다만 형장에 와서 예수가 그리스도라는 얘기를 들은 것뿐이었습니다. 하지만 물에 빠진 사람이 지푸라기라도 잡는 심정으로 예수님을 바라본 것입니다. 죽기 직전인 이 순간에 자신을 구원해줄 수 있는 유일한 분이었습니다. 그래서 용기를 내어 "예수님 당신의 나라에 임하실 때에 나를 기억하소서"라고 부탁했습니다. 너무 죄송해서 감히 떳떳하게 구원해달라고도 못했습니다. 예수님은 십자가에서 고통을 받는 와중에도 애타게 절규하는 그의 영혼을 불쌍히 여겨 "오늘 네가 나와 함께 낙원에 있으리라"고 말씀하셨습니다. 아무런 소망 없이 십자가에서 죽어가던 한 사람이 예수의 이름을 부르고 단 한 마디의 고백으로 구원을 받았습니다. 할렐루야!

① 누구든지 주의 이름을 부르는 자는 구원을 받으리라 (행 2:21) → 강도
② 사람이 마음으로 믿어 의에 이르고 입으로 시인하여 구원에 이르느니라(롬 10:10) → 백부장, 아리마대 요셉
③ 주 예수를 믿으라 그리하면 너와 네 집이 구원을 받으리라(행 16:31) → 알렉산더와 루포의 아버지 구레네 시몬

예수의 이름을 부르면(행 2:21), 예수를 주로 시인하면(롬 10:10), 예수를 믿으면(행 16:31) 구원을 받습니다. ① 강도는 예수님의 이름을 부르고 구원받았습니다. ② 백부장은 예수님을 "하나님의

아들"이라 입으로 시인하여 구원받았습니다. 아리마대 요셉도 빌라도에게 가서 예수님의 시체를 가져다가 무덤에 넣어두면서 두려움이 컸지만 "예수의 제자"인 것을 공개적으로 시인하므로 구원받았습니다. ③ 알렉산더와 루포의 아버지 구레네 시몬(막 15:21)도 억지로 십자가를 지었지만 예수님을 믿어 본인은 물론 마침내 온 집이 구원을 받았고 아들들이 성경에 나올 정도로 초대 교회에서 많은 일을 감당하며 유명 인사가 되었습니다. 예수님께서 '십자가에 못 박혀 죽으심'은 예수의 이름을 부르고, 시인하며, 믿는 사람들을 구원하기 위함이었습니다. 한 사람의 영혼이 천하보다 귀합니다. 우리 성도들도 주변에 있는 사람들을 예수님께 인도하여 구원하는 일에 열심을 내야 합니다. 예수님께서 우리를 부르십니다. 추수할 것은 많은데 일꾼이 없다고 합니다. 우리는 주님의 부르심에 응답해야 합니다. 기도하고 찬양하며 성령 충만하여 구원 사역을 감당해야 합니다.

십자가에 못 박혀 죽으심은

예수님이 십자가에 못 박혀 죽으심은 예언의 성취였습니다. 단번에 만인의 죄를 영원히 사하셨습니다. 예수의 이름을 부르고 믿는 자를 구원하셨습니다. 십자가에 못 박혀 죽으심으로 우리 죄를 사하시고 구원하심에 감사하며 구원 사역에 열심을 내는 성도들이 되기를 예수 그리스도의 이름으로 축복합니다.

그가 찔림은 우리의 허물 때문이요
그가 상함은 우리의 죄악 때문이라
그가 징계를 받으므로 우리는 평화를 누리고
그가 채찍에 맞으므로 우리는 나음을 받았도다.

18. 부활하시다

⑤ 부활하심, 예루살렘 성묘교회

> 안식일이 다 지나고 안식 후 첫날이 되려는 새벽에 막달라 마리아와 다른 마리아가 무덤을 보려고 갔더니 큰 지진이 나며 주의 천사가 하늘로부터 내려와 돌을 굴려내고 그 위에 앉았는데 그 형상이 번개 같고 그 옷은 눈 같이 희거늘 지키던 자들이 그를 무서워하여 떨며 죽은 사람과 같이 되었더라 천사가 여자들에게 말하여 이르되 너희는 무서워하지 말라 십자가에 못 박히신 예수를 너희가 찾는 줄 내가 아노라 그가 여기 계시지 않고 그가 말씀 하시던 대로 살아나셨느니라 와서 그가 누우셨던 곳을 보라(마 28:1-6)

1) 성지 순례

① 예수님의 무덤

성묘교회 정문에서 왼쪽으로 예수님이 부활하신 장소(무덤 자리)가 있다. 아리마대 요셉이 빌라도에게 가서 예수의 시체를 가져다가 세마포로 싼 다음 한 번도 사용된 적이 없는 무덤에 넣어 두고 돌을 굴려 무덤 문에 놓았다(막 15:43-47). 안식 후 첫날 여자들이 무덤을 보려고 갔더니 천사가 나타나서 "예수님이 여기 계시지 않고 그가 말씀하시던 대로 살아나셨느니라 와서 그가 누우셨던 곳

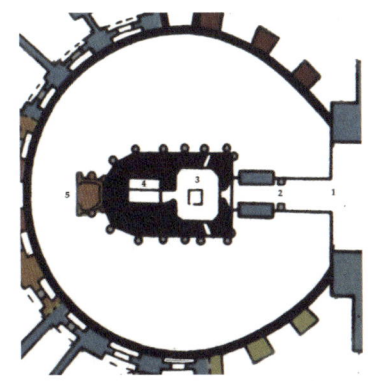

1) 예수님 무덤 도면 cafe.daum.net nbclove

2) 예수님의 무덤 cafe.daum.net nbclove

3) 천사들의 발현 경당 cafe.daum.net nbclove

4) 예수님 무덤 제대 cafe.daum.net nbclove

을 보라"고 말했다. 여자들은 큰 기쁨으로 빨리 무덤을 떠나 제자들에게 알리려고 달음질했다(마 28:1-10).

당시 골고다 언덕 주위는 채석장이었는데 돌을 파낸 구멍을 무덤으로 많이 사용했다. A.D. 135년 예루살렘을 정복한 로마 하드리아누스 황제의 명에 따라 골고다 언덕은 깎여지고 그 위에 쥬피터와 비너스 신전이 세워졌다. 336년 콘스탄티누스 황제의 어머니인 헬레나 황후가 신전을 헐고 예수님의 무덤을 발굴하여 성묘교회를 세웠다. 이후 614년 페르시아에 의해 파괴되었고 1009년 칼리프 알 하킴에 의해 산산조각이 나 버렸다. 이런 과정에서 골고다와 예수님 무덤의 원래 모습은 사라졌고 무덤 자리만 남았다. 이로 인해 1099년 1차 십자군 전쟁이 일어나 십자군이 예루살렘을 탈환했고 1149년 성묘교회를 다시 세웠다. 이때 원래 이름인 '부활교회'에서 '성묘교회'로 명칭이 바뀌었다. 21세기 들어 각 종파가 모여 예수님의 무덤 자리(4번 사진)를 개봉하면서 십자군 대리석이 발견되었다.

예수님의 무덤 도면(1번 사진)에 큰 원은 성묘교회 돔이고 도면 중앙 예수님의 무덤에는 경당(2번 사진)이 세워져 있다. 경당에 들어서면 천사들의 발현 경당(3번 사진)이 나오고 오른쪽 안에는 예수님의 무덤 제대(4번 사진)가 나온다. 제대 아래가 예수님의 무덤 자리이다. 성도들은 차례로 들어가 예수님의 무덤 제대에서 기도할 수 있다.

2) 설교 말씀

예수님의 마지막 일주일 중 토요일과 일요일에는 6개의 사건이 있었습니다. 토요일에는 ㉗ 경비병이 무덤을 지키고, 일요일에 ㉘ 예수님이 부활하셨습니다. 이를 ㉙ 경비병이 대제사장들에게 보고하였습니다. 예수님이 ㉚ 막달라 마리아, ㉛ 엠마오로 가는 두 제자, 그리고 ㉜ 제자들에게 나타나셨습니다.

[예수님의 마지막 일주일]

토요일 ㉗ 경비병이 무덤을 지킴(마 27:62-66)
일요일 ㉘ 부활하시다(마 28:1-10)
㉙ 경비병의 보고(마 28:11-15)
㉚ 막달라 마리아에게 나타나시다(막 16:9-11)
㉛ 엠마오 가는 두 제자에게 나타나시다(막 16:12-13)
㉜ 제자들에게 나타나시다(눅 24:36-49)

예수님이 **부활하시다**가 어떤 의미인지 알아보겠습니다.

예언의 성취였습니다

금요일에 예수님이 십자가에서 죽으시고 다음 날인 토요일에 대제사장들과 바리새인들이 빌라도를 찾아가 "저 속이던 자가 살아 있을 때에 내가 사흘 후에 다시 살아나리라 한 것을 우리가 기억한다 그의 제자들이 시체를 도둑질해 가고 죽은 자 가운데서 살아났다 속일 것이므로 무덤을 사흘까지 굳게 지키라"고 당부했습니다(마 27:62-66). 예수님의 수난 예언을 온 백성이 알고 있었기에 제자들이 시체를 도둑질하고 부활했다 속이면 백성들이 메시아를 죽였다고 자신들을 비난할 것이기 때문이었습니다. 그러면 자신들은 곤경에 처하고 예수는 더욱 흥왕할 것이므로 극도로 경계하고 있었던 것입니다.

그럼 예수님의 수난 예언은 무엇일까요?

이 때로부터 예수 그리스도께서 자기가 예루살렘에 올라가 장로들과 대제사장들과 서기관들에게 많은 고난을 받고 죽임을 당하고 제삼일에 살아나야 할 것을 제자들에게 비로소 나타내시니라 (마 16:21)

마태복음 16:21에서 이 때로부터 예수님이 예루살렘에 올라가 대제사장들, 서기관들, 장로들에게 많은 고난을 받고 제삼일에 살아날 것을 말씀하셨습니다. 베드로가 "주는 그리스도*시요 살아계신 하나님의 아들이시다"라고 고백한 이 때로부터, 예수님은 처음으로 자신의 죽음과 부활을 말씀하셨습니다. 이를 수난 예언이라고 합니다. 예수님은 마태복음에서 수난 예언을 세 번 말씀하셨는데 두 번째는 갈릴리에서 말씀하셨고(마 17:22-23), 세 번째는 예수님의 마지막 일주일 전 예루살렘으로 올라가려 하실 때 말씀하셨습니다(마 20:17-19).

---

*그리스도는 헬라어 Χριστός Christos, 히브리어 מָשִׁיחַ Messiah: 영적인 구원자

예수님의 수난에 대한 구약의 예언은 무엇일까요?

누가복음 24:44-48에서 구약의 예언들을 세 가지로 요약합니다.

> 모세의 율법과 선지자의 글과 시편에 나를 가리켜 기록된 모든 것이 이루어져야 하리라 하시고 … 또 이르시되 이같이 **그리스도가 고난을 받고** 제삼일에 죽은 자 가운데서 **살아날 것**과 또 그의 이름으로 죄 사함을 받게 하는 회개가 예루살렘에서 시작하여 **모든 족속에게 전파될 것**이 기록되었으니 너희는 이 모든 일의 증인이라(눅 24:44-48)

(1) 그리스도가 고난을 받고(시 22:6, 15; 사 53:4)

> 6 나는 벌레요 사람이 아니라 사람의 비방거리요 백성의 조롱거리니이다
> 15 내 힘이 말라 질그릇 조각 같고 내 혀가 입천장에 붙었나이다 주께서 또 나를 죽음의 진토 속에 두셨나이다
> (시 22:6, 15)

> 4 그는 실로 우리의 질고를 지고 우리의 슬픔을 당하였거늘 우리는 생각하기를 그는 징벌을 받아 하나님께 맞으며 고난을 당한다 하였노라(사 53:4)

(2) 제삼일에 죽은 자 가운데서 살아날 것이다(시 16:9-10; 110:1)

나의 마음이 기쁘고 나의 영도 즐거워하며 내 육체도 안전히 살리니 이는 주께서 내 영혼을 스올에 버리지 아니하시며 주의 거룩한 자를 멸망시키지 않으실 것임이니이다
(시 16:9-10)

여호와께서 내 주에게 말씀하시기를 내가 네 원수들로 네 발판이 되게 하기까지 너는 내 오른쪽에 앉아 있으라 하셨도다(시 110:1)

(3) 복음이 모든 민족에게 전파될 것이다(사 61:1; 66:19)

가난한 자에게 아름다운 소식을 전하게 하려 하심이라 나를 보내사 마음이 상한 자를 고치며 포로된 자에게 자유를, 갇힌 자에게 놓임을 선포하며(사 61:1)

그들 가운데에서 도피한 자를 여러 나라 … 먼 섬들로 보내리니 그들이 나의 영광을 뭇 나라에 전파하리라(사 66:19)

예수님의 부활은 예수님의 수난 예언과 하나님 말씀(구약)의 성취였습니다. 다윗 왕이 시편을 쓴 B.C. 1000년부터 이사야 선지자를 거쳐 예수님이 세 번이나 수난 예언을 한 후 실현되었습니다.

> 20 그러나 이제 그리스도께서 죽은 자 가운데서 다시 살아나사 잠자는 자들의 첫 열매가 되셨도다
> 23 그러나 각각 자기 차례대로 되리니 먼저는 첫 열매인 그리스도요 다음에는 그가 강림하실 때에 그리스도에게 속한 자요 (고전 15:20, 23)

부활의 첫 열매가 되신 주님이 강림하실 때에 우리도 차례대로 부활할 것입니다(고전 15:23). 먼저 죽은 자들이 일어나고 그 후에 살아남은 자들도 구름 속으로 끌어 올려 공중에서 주를 영접할 것입니다(살전 4:17). 따라서 우리는 부활의 소망을 가져야 합니다.

역사적 사실이었습니다

> 천사가 여자들에게 말하여 이르되 너희는 무서워하지 말라 십자가에 못 박히신 예수를 너희가 찾는 줄을 내가 아노라 **그가 여기 계시지 않고** 그가 말씀 하시던 대로 **살아나셨느니라** 와서 그가 누우셨던 곳을 보라 (마 28:5-6)

첫 번째 부활의 증거는 '**빈 무덤**'입니다. 첫 번째 증인은 ① 여자들입니다. 안식 후 첫날 새벽에 여자들(막달라 마리아, 야고보의 어머니 마리아, 살로메, 요안나 등)이 예수님의 무덤을 찾아갔습니다. 무덤의

돌은 벌써 굴려져 있었고(막 16:4) 안에 들어가 보니 천사가 있었습니다. 천사는 "예수님이 여기 계시지 않고 그가 말씀하신 대로 살아나셨다"고 말했습니다. "여기 계시지 않고 살아나셨다"는 것은 빈 무덤이 부활의 증거라는 것입니다.

> 큰 지진이 나며 주의 천사가 하늘로부터 내려와 돌을 굴려 내고 그 위에 앉았는데 그 형상이 번개 같고 그 옷은 눈 같이 희거늘 지키던 자들이 그를 무서워하여 떨며 죽은 사람과 같이 되었더라(마 28:2-4)

증인 가운데는 ② 경비병들이 있었습니다. 마태복음 28:2-4에서 큰 지진이 나며 천사가 돌을 굴려 내고 그 위에 앉았는데 형상이 번개 같고 옷은 눈같이 희거늘 지키던 자들이 무서워하여 떨며 죽은 사람과 같이 되었다고 합니다(여자들은 돌이 굴려진 다음에 왔으므로 사실상 경비병들이 최초의 목격자임). 11절에 경비병들이 대제사장들에게 가서 모든 일을 알렸습니다. 그들은 깜짝 놀라 군인들에게 돈을 많이 주며 "우리가 잘 때 제자들이 밤에 와서 도둑질해 갔다"고 말하라며 사건을 조작했습니다. 15절에 군인들이 돈을 받고 가르친 대로 했다고 유대인들 가운데 소문이 났습니다. 오히려 대제사장들의 조작이 알려진 것입니다.

> 큰 지진이 나며 주의 천사가 하늘로부터 내려와 돌을 굴려 내고(마 28:2)

③ 무덤의 돌도 증거입니다. 돌문은 입구가 음각으로 되어 있어 닫기는 쉽지만 열기는 매우 어렵습니다. 돌문을 움직여 입구를 열려면 많은 사람이 동원되어야 하므로 경비병들 몰래 돌문을 열고 시체를 도둑질해 가는 것은 불가능합니다. 따라서 사람이 쉽게 움직일 수 없는 무덤의 돌도 증거가 되는 것입니다.

> 그 여자들이 무서움과 큰 기쁨으로 빨리 무덤을 떠나 제자들에게 알리려고 달음질할새 예수께서 그들을 만나 이르시되 **평안하냐** 하시거늘 여자들이 나아가 그 발을 붙잡고 경배하니 이에 예수께서 이르시되 **무서워하지 말라 가서 내 형제들에게 갈릴리로 가라 하라 거기서 나를 보리라** 하시니라
>
> (마 28:8-10)

두 번째 부활의 증거는 예수님의 '**나타나심**'입니다. 8절에 ① 여자들이 제자들에게 살아나심을 알리려고 갈 때 예수님께서 나타나셔서 "내 형제들에게 갈릴리에서 보자고 전하라"고 하셨습니다. 누가복음 24:36-43에서 예수님이 ② 열한 제자에게 나타나셨습니다. 제자들은 보는 것을 영으로 생각하고 무서워했습니다. 예수님은 보고도 못 믿는 제자들에게 손과 발을 보이시고, 구운 생선을 드시며 부활하심을 믿게 하셨습니다(고전 15:42-44: 신령한 몸, 문을 열어주지 않았는데 벽을 통과해서 나타나셨고 식사를 하심).

이는 성경대로 그리스도께서 우리 죄를 위하여 죽으시고 장

사 지낸 바 되셨다가 성경대로 사흘 만에 다시 살아나사 게바에게 보이시고 후에 열두 제자에게와 그 후에 **오백여 형제에게 일시에 보이셨나니**(고전 15:3-6a)

고린도전서 15:3-8에서 예수님은 ③ 오백여 형제(베드로, 열두 제자, 야고보, 모든 사도, 바울 등)에게 일시에 나타나셨습니다. 예수님은 고난 받으신 후에 많은 증거로 살아 계심을 나타내시고, 40일 동안 보이시며 하나님 나라의 일을 말씀하셨습니다(행 1:3). 당시는 두세 증인이면 증거로 인정되었는데(신 19:15) 오백 명 이상 증인이 있었던 것입니다.

세 번째 부활의 증거는 '**제자들의 변화**'입니다. 베드로가 오순절에 "이 예수를 하나님이 살리신지라 우리가 다 이 일에 증인이로다"라고 설교했습니다. 제자들은 예수님이 십자가에 달리시기 직전에 예수를 부인하고 다 도망을 갔지만 부활하신 예수님을 직접 보고 체험했으므로 부활을 선포하는 증인이 되었습니다(행 2:32). 사람들은 이들의 증언에 마음을 열고 주께 돌아왔습니다.

예수님의 부활은 ① 빈 무덤 ② 나타나심 ③ 제자들의 변화로 증거되었고 역사적 사실이 되었습니다. 로마도 이를 인정하여 기독교를 공인하고 국교로 선포했습니다(콘스탄티누스 밀라노칙령 313년 기독교 공인, 테오도시우스 392년 국교 선포). 그러므로 부활의 확신을 가져야 합니다.

복음 전파의 사명을 주셨습니다

마가복음 16:15-18에서 예수님은 열한 제자에게 나타나셔서 "너희는 온 천하에 다니며 만민에게 복음을 전파하라" 또한 "믿는 자들에게는 표적이 따르리니 예수 이름으로 귀신을 쫓아내며 새 방언을 말하며 뱀을 집어올리며 무슨 독을 마실지라도 해를 받지 아니하며 병든 사람에게 손을 얹은즉 나으리라"고 하셨습니다. 믿는 자들이 성령 충만하여 복음을 전파하면 많은 표적이 따를 것이라 한 것입니다. 표적은 하나님이 역사하시는 증거입니다. 그러므로 우리도 말씀을 전할 때 성령이 주시는 능력을 행하며 복음을 전파해야 합니다.

> **지상 명령(The Great Commission)**
> 그러므로 너희는 가서 모든 민족을 제자로 삼아 아버지와 아들과 성령의 이름으로 침례(세례)를 베풀고 내가 너희에게 분부한 모든 것을 가르쳐 지키게 하라(마 28:19-20)

마태복음 28:16-20에서 예수님은 갈릴리로 가셔서 제자들을 만나 사명을 주셨습니다. 우리는 이를 **지상 명령**(The Great Commission)이라 합니다. "너희는 가서 모든 민족을 제자로 삼아 아버지와 아들과 성령의 이름으로 침례(세례)를 베풀고 내가 너희에게 분부한 모든 것을 가르쳐 지키게 하라." 이는 한마디로 모든 민족을 제자로 삼으라는 말씀인데 이를 위해 ① 가서 ② 침례(세례)를 베풀고

③ 가르쳐 지키게 하라는 것입니다.

지상 명령은 어떻게 수행해야 하나요?

누가복음 24:49에서 "볼지어다 내가 내 아버지께서 약속하신 것을 너희에게 보내리니 너희는 위로부터 능력으로 입혀질 때까지 이 성에 머물라 하시니라." 아버지께서 약속하신 것은 성령인데, 무조건 가지 말고 기다려서 성령을 받아 능력이 충만해지면 복음을 전파하라는 것입니다. 이 약속대로 사도행전 2:1-3에서 성도들이 오순절 날 마가의 다락방에 모여 열심히 기도하니, 마치 불의 혀처럼 갈라지는 것들이 각 사람 위에 임하였습니다. 다 성령이 충만하여 방언을 말하였고 오순절 성령의 역사가 일어났습니다. 베드로가 성령이 충만하여 설교하니 하루에 삼천 명이 회개하고 예수를 믿었습니다(행 2:41).

예수님은 '부활하심'으로 복음 전파의 사명을 주셨습니다. 먼저 성령을 충만히 받고, 모든 민족을 제자로 삼아야 합니다. 이를 위해 선교지에 가서 가르쳐 지키게 하고 표적과 능력을 행하며 복음을 전파해야 합니다.

예수님이 부활하시다는

예수님의 부활은 예언(예수님, 구약)의 성취였습니다. 역사적 사실

(빈무덤, 나타나심, 제자들의 변화)이었습니다. 복음 전파의 사명을 우리에게 주셨습니다. 부활의 확신과 소망을 가지고 성령 충만함을 받아 세상 끝날까지 복음을 전파하는 성도들이 되기를 예수 그리스도의 이름으로 축복합니다.

예수님은 많은 증거로
살아 계심을 나타내시고, 40일 동안 보이시며
하나님 나라의 일을 말씀하셨습니다.

19.

내 양을 먹이라

⑥ 나타나심, 갈릴리 타브가

그들이 조반 먹은 후에 예수께서 시몬 베드로에게 이르시되 **요한의 아들 시몬아 네가 이 사람들보다 나를 더 사랑하느냐** 하시니 이르되 주님 그러하나이다 이르시되 **내 어린 양을 먹이라** 하시고 또 두 번째 이르시되 … 세 번째 이르시되 **요한의 아들 시몬아 네가 나를 사랑하느냐** 하시니 주께서 세 번째 **네가 나를 사랑하느냐** 하시므로 베드로가 근심하여 이르되 주님 모든 것을 아시오매 내가 주님을 사랑하는 줄을 주님께서 아시나이다 예수께서 이르시되 **내 양을 먹이라**(요 21:15-17)

1) 성지 순례

① 멘사 크리스티교회(베드로수위권교회)

멘사 크리스티(Mensa Christi)는 그리스도의 식탁이란 뜻이다. 예수님이 부활하신 후 여자들에게 나타나셔서 "내 형제들에게 갈릴리로 가라 하라 거기서 나를 보리라"(마 28:10)고 말씀하시고 세 번째 나타나신 장소이다. 갈릴리 타브가에서 예수님이 물고기를 잡는 제자들에게 나타나시어 배 오른편에 그물을 치라는 말씀으로 153마리의 물고기를 잡게 하셨다. 제자들이 육지에 올라와

멘사크리스티교회

보니 숯불이 있는데 그 위에 생선과 떡이 놓여 있었다. 예수님은 조반을 먹으라 하시고 떡을 가져다가 그들에게 주시고 생선도 주셨다(요 21:1-14). 예수님은 제자들을 위로하고 회복시켰다.

A.D. 4세기경에 기념교회가 세워졌으나 1263년 이슬람이 파괴했고 1933년 프란치스코 수도회가 유적지(타브가)를 찾아 1982년 현무암(검은 돌)으로 증축했다. 교회 내부에는 예수님이 제자들과 식사를 했던 바위가 있다. 교회 정원에는 벤자민 나무 아래 예수님이 베드로에게 "네가 나를 더 사랑하느냐"고 하시며 사명을 주시는 모습이 담긴 청동상이 있다. 예수님은 세 번이나 부인했던 베드로에게 "내 양을 먹이라"(요 21:15-17)고 세 번이나 말씀하시면서 배신자에서 부활의 증인으로 회복시키시고 사명을 주셨다. 그래서 이곳을 베드로 수위권 교회(the Primacy of Saint Peter)라고도 부른다. 교회 앞엔 제자들이 물고기를 잡던 갈릴리 호수가 보인다.

멘사크리스티교회 내부(예수님 앉은 바위)

2) 설교 말씀

예수님은 부활 후 엠마오로 가는 두 제자를 만나시고, 예루살렘에서 열한 제자에게 나타나시고, 갈릴리로 가셔서 세 번째로 일곱 제자에게 나타나셨습니다.

예수님은 부활 후 왜 갈릴리로 가셨나요?

예수님은 최후의 만찬 후 겟세마네로 기도하러 가시면서 "내가 살아난 후에 갈릴리로 가리라"고 말씀하셨습니다(막 14:28). 예

내 양을 먹이라 동상

수님은 안식 후 첫날 무덤에 온 여자들에게 나타나시어 "형제들에게 갈릴리로 가라 하라 거기서 나를 보리라"고 말씀하셨습니다(마

II. 예수님의 마지막 일주일

28:10). 이는 예수님께서 갈릴리에 가셔서 제자들에게 복음 전파의 사명을 주고자 했던 것입니다.

> 7 (천사) 또 빨리 가서 제자들에게 이르되 그가 죽은 자 가운데서 살아나셨고 너희보다 먼저 갈릴리로 가시나니 거기서 너희가 뵈오리라 하라
>
> 10 이에 예수께서 이르시되 **무서워하지 말라 가서 내 형제들에게 갈릴리로 가라 하라 거기서 나를 보리라** 하시니라(마 28:7, 10)

예수님이 갈릴리에서 말씀하신 "**내 양을 먹이라**"의 의미를 알아보겠습니다.

부활의 증인으로 회복시켰습니다

예수님은 부활 후 갈릴리에 가서 "내 양을 먹이라"는 사명을 주시고자 했습니다. 하지만 제자들은 "너희가 다 나를 버리리라"는 말씀대로 주님을 버려 뵐 면목이 없었습니다. 어디 쥐구멍이라도 있으면 숨고 싶은 심정이었습니다. 더구나 베드로는 "닭이 울기 전에 세 번 나를 부인하리라"는 말씀대로 살기 위해서 "그 남자를 모른다"며 세 번이나 부인했습니다(마 26:69-75). 사명을 주시기에 앞서 이들의 좌절된 마음과 심령에 회복이 필요했습니다.

예수님이 베드로를 처음 만났을 때 어떻게 제자로 부르셨나요?

누가복음 5:1-11에서 예수님이 베드로에게 "깊은 데로 가서 그물을 내려 고기를 잡으라"고 말씀하셨습니다. 베드로가 "밤이 새도록 수고하였으되 잡은 것이 없지마는 말씀에 의지하여 그물을 내리리이다"라고 대답했습니다. 그렇게 하니 고기를 잡은 것이 심히 많아 그물이 찢어졌습니다. 야고보와 요한은 물론 모든 사람이 고기 잡힌 것으로 말미암아 놀랐습니다. 베드로는 주님의 초자연적 권능에 경외감을 느낀 나머지 예수님의 무릎 아래 엎드려 "주여 나를 떠나소서 나는 죄인입니다"라고 말했습니다. 예수님이 베드로에게 "무서워하지 말라 이제 후로는 네가 사람을 취하리라"고 하시니 제자들이 배들을 육지에 대고 모든 것을 버려두고 예수님을 따랐습니다. 베드로는 이렇게 예수님을 처음 만나 고기 낚는 어부에서 사람 낚는(구원하는) 사도가 되었습니다.

이는 자기 및 자기와 함께 있는 모든 사람이 고기 잡힌 것으로 말미암아 놀라고 세베대의 아들로서 시몬의 동업자인 야고보와 요한도 놀랐음이라 예수께서 시몬에게 이르시되 **무서워하지 말라 이제 후로는 네가 사람을 취하리라 하시니라** 그들이 배들을 육지에 대고 모든 것을 버려 두고 예수를 따르니라 (눅 5:9-11)

하지만 예수님이 겟세마네 동산에서 유다의 배반으로 대제사장들이 파송한 무리에게 잡히셨을 때 제자들은 다 예수를 버리고 도망갔습니다(마 26:56). 그리고 갈릴리로 가서 다시 어부가 되었습니다. 부활 후 예수님은 갈릴리로 일곱 제자를 찾아오셨습니다. 베드로는 일곱 제자와 물고기를 잡으러 나갔으나 그 날 밤에 아무것도 잡지 못했습니다. 날이 새어갈 때 예수님이 바닷가에 서서 제자들에게 "너희에게 고기가 있느냐"라고 외쳤습니다. 제자들이 "없나이다"라고 하니 예수님은 처음 만났을 때와 같이 "그물을 배 오른편에 던져라"고 말했습니다. 이에 던졌더니 물고기가 많아 그물을 들 수 없었습니다. 베드로는 주님을 처음 만나 소명을 받았을 때의 감동이 떠올라 주님인 것을 알아봤고 너무 반가운 나머지 바다로 뛰어내려 주님께 헤엄쳐 갔습니다. 그물을 육지에 끌어올리니 153마리나 되었습니다. 예수님은 제자들을 처음 만났을 때와 똑같은 방식으로 고기를 낚는 어부에서 사람을 낚는(구원하는) 사도가 되게 하셨습니다.

> 예수께서 이르시되 **와서 조반을 먹으라** 하시니 … 예수께서 가셔서 떡을 가져다가 그들에게 주시고 생선도 그와 같이 하시니라 이것은 예수께서 죽은 자 가운데서 살아나신 후에 세 번째로 제자들에게 나타나신 것이라 (요 21:12-14)

요한복음 21:12-14에서 제자들이 육지에 올라와 보니 숯불이 있는데 그 위에 생선과 떡이 놓여 있었습니다. 예수님이 조반을 직접 준비하셔서 제자들의 긴장감과 죄송함을 풀어주려 하셨습니다. 예수님은 조반을 먹으라 하시고 떡을 가져다가 그들에게 주시고 생선도 주셨습니다. 이처럼 예수님은 부활하신 후에 세 번째로 제자들에게 나타나셔서 제자들을 위로하고 회복시키셨습니다.

> 그가 고난 받으신 후에 또한 그들에게 확실한 많은 증거로 친히 살아 계심을 나타내사 사십 일 동안 그들에게 보이시며 하나님 나라의 일을 말씀하시니라(행 1:3)

이후 사도행전 1:3에 보면 예수님이 고난 받으신 후에 친히 살아 계심을 나타내사 사십 일 동안 그들에게 보이시며 하나님 나라의 일을 말씀하셨습니다. 주님께선 부활하시어 신령한 자들에게만 꿈이나 환상 등으로 나타나지 않고 누구나 볼 수 있고 만질 수 있게 공개적으로 나타나시어 부활의 능력을 확실히 믿게 하셨습니다. 이제 믿음이 약한 자라도 믿을 수 있게 되었습니다. 제자들과 오백여 형제들은 사십 일 동안 예수님과 함께 하며 하나님 나라의 일에 대해 특별 훈련을 받은 것입니다. 예수님은 나타내심을 통해 제자들을 배신자에서 부활의 증인으로 회복시키셨습니다.

우리도 베드로처럼 이 모양 저 모양으로 주님을 배반하지만 그래도 우리를 사랑하시어 우리를 부르십니다. 한번이 아닌 여러 번이라도 우리를 부르시어 회복시킵니다. 우리를 부르시고 회복시키어 주님의 온전한 증인으로 삼으시는 하나님을 찬양합니다. 할렐루야!

사랑으로 충만하게 했습니다

그들이 조반 먹은 후에 예수께서 **요한의 아들 시몬아 네가 이 사람들보다 나를 더 사랑하느냐** 하시니 이르되 주님 그러하나이다 이르시되 **내 어린 양을 먹이라 하시고**(요 21:15)

요한복음 21:15에서 예수님이 베드로에게 "네가 이 사람들보다 나를 더 사랑하느냐"라고 묻습니다. 이는 "이 사람들이 나를 사랑하는 것보다 네가 나를 더 사랑하느냐"로 해석할 수 있습니다. NIV 성경에는 "Do you love me more than these?"로 기록되어 있는데 these people을 이 사람들로, these는 이것들로 번역하는 것이 더 자연스러울 것입니다. 그래서 이를 "이것들(these)보다 네가 나를 더 사랑하느냐"로 해석할 수 있습니다. 요한일서 2:15-16에서 이것들은 세상에 있는 것들로 육신의 정욕과 안목의 정욕과 이생의 자랑을 말합니다.

이 세상이나 **세상에 있는 것들**을 사랑하지 말라 누구든지 세상을 사랑하면 아버지의 사랑이 그 안에 있지 아니하니 이는 세상에 있는 모든 것이 **육신의 정욕**과 **안목의 정욕**과

이생의 자랑이니 다 아버지께로부터 온 것이 아니요 세상으로부터 온 것이라(요일 2:15-16)

이것들, 세상 것들보다 주님을 더 사랑하려면 어떻게 해야 할까요?

디모데후서 2:22에 나온 대로 "너는 청년의 정욕을 피하고 주를 깨끗한 마음으로 부르는 자들과 함께 의와 믿음과 사랑과 화평을 따르라"라고 나옵니다. 우리는 이것들, 세상 것들을 피하고 주님을 따라야 합니다.

마가복음 12:30에서 예수님은 "네 마음을 다하고 목숨을 다하고 뜻을 다하고 힘을 다하여 주 너의 하나님을 사랑하라"고 하셨습니다. 마음을 다하고, 즉 반심(半心)이 아니라 전심(全心)으로(half heart가 아닌 whole heart로), 목숨을 다하고, 뜻과 힘을 다하여, 즉 전력(全力)을 다하여 하나님을 사랑해야 합니다. 성도 여러분! 예수님은 이것들보다 나를 더 사랑하느냐 물으시면서 사랑으로 충만하게 하셨습니다. 이제 우리는 주님의 은혜로 회복되어 사랑으로 충만해지니 내 양을 먹일 수 있는 힘과 능력이 생겼습니다. 이 목숨 바쳐 전심전력(全心全力)으로 하나님을 사랑하며 사명을 수행해야 합니다.

복음 전파의 사명을 주셨습니다

세 번째 이르시되 **요한의 아들 시몬아 네가 나를 사랑하느냐** 하시니 주께서 세 번째 **네가 나를 사랑하느냐** 하시므로 베드로가 근심하여 이르되 주님 모든 것을 아시오매 내가 주님을 사랑하는 줄을 주님께서 아시나이다 예수께서 이르시되 **내 양을 먹이라**(요 21:17)

제자들과 조반을 먹은 후에 예수님이 베드로에게 "내 양을 먹이라"고 세 번이나 말씀하셨습니다. NIV 성경에는 "Peter was hurt because Jesus asked him the third time", 즉 주님께서 세 번이나 물으셨기 때문에 마음이 아팠다고 나옵니다. 베드로가 근심하여 "주님께서 모든 것을 아시오매 주님을 사랑하는 줄 주님께서 아시나이다"라고 대답하자 예수님께서 "내 양을 먹이라"고 말씀하셨습니다. 예수님은 베드로를 배신자에서 부활의 증인으로 회복시키시고 사명을 주신 것입니다.

지상 명령(The Great Commission)

예수께서 나아와 말씀하여 이르시되 하늘과 땅의 모든 권세를 내게 주셨으니 그러므로 너희는 가서 모든 민족을 제자로 삼아 아버지와 아들과 성령의 이름으로 침례(세례)를 베풀고 내가 너희에게 분부한 모든 것을 가르쳐 지키게 하라 (마 28:18-20a)

이후 마태복음 28:16-20에서 열한 제자가 갈릴리에 가서 예수께서 지시하신 산으로 갔습니다. 제자들이 이 산에서 예수님께 경배했습니다. 하지만 그렇게 생생한 체험을 하면서도 예수님의 부활을 의심하는 사람들이 있었습니다. 예수님은 "모든 민족을 제자로 삼으라"고 명령하셨습니다(지상 명령, The Great Commission). 이를 위해 ① 모든 민족에게 가서 ② 침례(세례)를 베풀고 ③ 가르쳐 지키게 하라 하셨습니다. 이는 베드로에게 주었던 '내 양을 먹이라"는 사명을 구체적으로 실행할 수 있는 사역 지침을 주신 것입니다.

이후 베드로는 복음 전파의 사명을 어떻게 감당했나요?

내가 진실로 진실로 네게 이르노니 네가 젊어서는 스스로 띠 띠고 원하는 곳으로 다녔거니와 늙어서는 네 팔을 벌리리니 남이 네게 띠 띠우고 원하지 아니하는 곳으로 데려가리라 이 말씀을 하심은 베드로가 어떠한 죽음으로 하나님께 영광을 돌릴 것을 가리키심이러라 이 말씀을 하시고 베드로에게 이르시되 **나를 따르라** 하시니(요 21:18-19)

요한복음 21:18에서 예수님은 베드로에게 "네가 늙어서는 네 팔을 벌리리니 남이 네게 띠 띠우고 원하지 아니하는 곳으로 데려가리라"라고 말씀하셨습니다. 예수님은 베드로가 앞으로 어떻게 죽을지 예고하신 것입니다. 영화 쿠오바디스*에서 베드로가 네로 황제의 박해를 피해 로마에서 도피 중에 그리스도의 환영을 봅니다. 베드로가 예수님께 Quo Vadis, Domine?(어디로 가시나이까 주여?)라고 물으니 예수님은 "나의 어린 양들이 로마에서 날 찾고 있다 네가 내 양들을 버린다면 나는 다시 십자가에 못 박히기 위해 로마로 갈 것이다"라고 대답했습니다. 베드로는 이 말씀을 듣고 예수님의 양을 먹이기 위해서 로마로 돌아갔습니다. 베드로는 콜로세움(원형 경기장)에 가서 굶주린 사자들에게 잡아먹히는 성도들을 위해 기도하고 위로해주었습니다. 전승에 따르면 이후 네로 황제가 베드로를 체포하여 십자가에 못 박게 했습니다. 베드로는 예수님과 같이 십자가에 달리는 것은 영광이나 같은 모습으로 십자가에 달릴 수 없다 하여 십자가에 거꾸로 매달려 죽었다고 합니다. 베드로는 다시 배반하지 않고 "내 양을 먹이라"는 복음 전파의 사명을 다하여 죽음으로 하나님께 영광을 돌렸습니다(요 21:19).

주님께서 말씀하신 내 양은 누구입니까?
그들은 어디에 있습니까?

주님은 우리에게 그들을 찾아서 "내 양을 먹이라", "모든 민족을 제자로 삼으라"고 말씀하십니다. 우리는 그들을 찾아서 이 생명 바쳐 전심전력으로 먹이고 돌보고 말씀을 전해야 합니다.

---

* Quo Vadis, Domine? 1896년 폴란드 작가 헨리크 시엔키에비치 장편 소설, 1905년 노벨문학상, 1951년 영화 제작.

내 양을 먹이라

예수님은 제자들을 배신자에서 부활의 증인으로 회복시키셨습니다. 사랑으로 충만하게 하셨습니다. 복음 전파의 사명을 주셨습니다. 예수님은 우리도 부활의 증인으로 회복시키시고 사랑으로 충만하게 하셨습니다. 그리고 우리에게도 "내 양을 먹이라"라고 말씀하십니다. 예수님이 우리에게 주신 복음 전파의 사명을 잘 수행하는 성도들이 되기를 예수 그리스도의 이름으로 축복합니다.

우리를 부르시고 회복시키어
주님의 온전한 증인으로 삼으시는
하나님을 찬양합니다.
할렐루야!

20. 부활 승천의 비밀

⑦ 승천하심, 예루살렘 감람산

사도와 함께 모이사 그들에게 분부하여 이르시되 **예루살렘을 떠나지 말고 내게서 들은 바 아버지께서 약속하신 것을 기다리라 요한은 물로 침례(세례)를 베풀었으나 너희는 몇 날이 못되어 성령으로 침례(세례)를 받으리라** 하셨느니라 … **오직 성령이 너희에게 임하시면 너희가 권능을 받고 예루살렘과 온 유대와 사마리아와 땅 끝까지 이르러 내 증인이 되리라** 하시니라 이 말씀을 마치시고 그들이 보는데 올려져 가시니 구름이 그를 가리어 보이지 않게 하더라 … 이르되 갈릴리 사람들아 어찌하여 서서 하늘을 쳐다보느냐 너희 가운데서 하늘로 올려지신 이 예수는 하늘로 가심을 본 그대로 오시리라 하였느니라(행 1:4-11)

1) 성지 순례

① 감람산 예수승천교회

예수님은 부활 후 500여 형제들에게 나타나사(고전 15:6) 사십일 동안 보이시며 하나님 나라의 일을 말씀하셨다(행 1:3). 이후 예수님은 예루살렘 감람산에서 사람들이 보는데 공개적으로 승천하셨다. 예수님은 승천하시면서 마지막 유언을 하셨다. "오직 성령이 너희에게 임하시면 너희가 권능을 받고 예루살렘과 온 유대와 사마

1) 예수승천교회　　　　2) 예수승천교회 천정 돔

리아와 땅 끝까지 이르러 내 증인이 되리라."이 말씀을 마치시고 그들이 보는데 올려져 가시니 구름이 그를 가리어 보이지 않게 되었다. 올라가실 때에 천사들이 "갈릴리 사람들아 너희 가운데서 하늘로 올려지신 이 예수는 하늘로 가심을 본 그대로 오시리라"(행 1:10-11)고 말하여 공개적인 재림을 약속했다.

승천하신 자리에는 예수승천교회가 세워져 있다. A.D. 387년 귀족 부인 '포메니아'가 헌금하여 기념교회를 세웠고, 예수님의 재림을 바라볼 수 있도록 지붕을 만들지 않았다. 승천교회는 성묘교회와 같이 614년 이슬람에 의해 무너졌다. 1152년 십자군에 의

3) 예수님 승천 자리

4) 승천 자리에서 기도

해 팔각형의 교회가 다시 세워졌지만 1187년 다시 무너졌고 지금까지 이슬람 사원의 용도로 사용되고 있다. 그들은 지붕을 막았고(2번 사진) 왜소하게 만들어 놓았다. 예수님이 승천하실 때 밟았던 바위(3번 사진)에 손을 얹고 기도해보자(4번 사진).

2) 설교 말씀

안식 후 첫날 새벽에 여자들(막달라 마리아, 야고보의 어머니 마리아,

살로메, 요안나)이 예수님의 무덤을 보려고 갔는데 천사가 있었습니다. 천사는 "예수님이 무덤에 계시지 않고 살아나셨다"고 말했습니다. 여자들이 제자들에게 살아나심을 알리려고 갈 때 예수님께서 나타나셔서 "내 형제들에게 갈릴리에서 보자고 전하라"라고 하셨습니다. 소식을 들은 베드로가 무덤에 달려가 세마포만 있는 빈 무덤을 확인하고 놀랍게 여겼습니다(눅 24:12). 엠마오 길에서 두 제자(글로바)에게 예수님이 나타나 성경에 자기(그리스도)에 관한 것을 자세히 설명해주셨습니다(눅 24:13-35; 막 16:12-13). 예루살렘에서 열한 제자에게도 나타나셨는데 보는 것을 영으로 생각하고 무서워하며 의심하였습니다. 그래서 예수님은 손과 발을 보여주시고 생선 한 토막도 잡수시면서 제자들의 불신을 해소하고 복음 전파의 사명을 주셨습니다(눅 24:36-49; 막 16:14-18; 요 20:19-23; 행 1:6-8). 갈릴리에서 "내 양을 먹이라"고 하시고 제자들에게 "모든 민족을 제자로 삼으라"는 지상 명령을 주셨습니다(마 28:16-20). 예수님은 부활 후 40일 동안 500여 형제들에게 나타나셨고(고전 15:3-6a), 예루살렘 감람산에서 사람들이 보는데 공개적으로 승천하셨습니다(행 1:9). 승천하신 자리에는 부활승천교회가 세워져 있습니다.

예수님이 **부활 승천하신 비밀**(의미)을 알아보겠습니다.

성령이 오심을 약속했습니다

사도와 함께 모이사 그들에게 분부하여 이르시되 **예루살렘**

을 떠나지 말고 내게서 들은 바 아버지께서 약속하신 것을 기다리라(행 1:4)

사도행전 1:4에서 예수님은 제자들에게 "아버지께서 약속하신 것을 기다리라"고 했습니다. 아버지께서 약속하신 것은 성령입니다(행 2:33). 이는 예수님이 승천하심으로 예수님의 지상 사역은 끝났고 예수님의 천상 사역이 시작되며 성령의 시대가 시작된 것입니다.

> 내가 아버지께로부터 너희에게 보낼 보혜사 곧 아버지께로부터 나오시는 진리의 성령이 오실 때에 그가 나를 증언하실 것이요(요 15:26)

> 볼지어다 내가 내 아버지께서 약속하신 것을 너희에게 보내리니 너희는 위로부터 능력으로 입혀질 때까지 이 성에 머물라 하시니라(눅 24:49)

요한복음 15:26에서 하나님께서 약속하신 성령이 오시어 예수님을 증언한다 합니다. 그리고 사도행전 1:8에 "성령이 임하시면 너희가 권능을 받고 … 내 증인이 되리라"고 하였으므로 성령이 오시면 직접 예수님을 증언하는 것이 아니라 성령은 권능을 주시고 우리가 예수 그리스도의 증인이 되는 것입니다. 그러므로 누가복음 24:49 말씀대로 내 아버지께서 약속하신 것은 성령인데 무조건 가지 말고 기다려서 성령이 임하시면 권능을 받고 복음을 전파하라는 것입니다.

> **요한은 물로 침례(세례)를 베풀었으나 너희는 몇 날이 못되어 성령으로 침례(세례)를 받으리라**(행 1:5)
> 또 성령으로 아니하고는 누구든지 예수를 주시라 할 수 없느니라(고전 12:3)
> 술 취하지 말라 이는 방탕한 것이니 오직 성령으로 충만함을 받으라(엡 5:18)

사도행전 1:5에서 "요한이 물 침례(세례)를 베풀었으나 몇 날이 못되어 성령 침례(세례)를 받으리라"고 하였습니다. 이 말씀대로 몇 날 즉 열흘이 못 되어 오순절 성령의 역사가 일어났습니다. 사도행전 2:1-4에서 제자들은 예수님의 말씀대로 마가의 다락방에 모여 열심히 기도했습니다. 홀연히 하늘로부터 급하고 강한 바람 같은 소리가 있고 마치 불의 혀처럼 갈라지는 것들이 보이며 각 사람 위에 하나씩 임했습니다. 그들이 다 성령의 충만함을 받고 성령이 말하게 하심을 따라 다른 언어들로 말하기 시작했습니다. 그 때 천하 각국으로부터 예루살렘에 온 유대인들이 "우리 각 사람이 난 곳 방언으로 듣는도다"라고 하며 다 놀랐습니다. 고린도전서 12:8-11에서 성령의 은사(9가지)가 나옵니다. 지혜, 지식, 믿음, 병고침, 능력 행함, 예언, 영 분별, 방언, 방언 통역의 은사입니다. 그러므로 성령이 임하시면 권능(은사, 건강, 담대함, 사명감 등)을 받고 땅 끝까지 이르러 예수 그리스도의 증인이 되어야 합니다.

고린도전서 12:3에서 "성령이 아니고는 누구든지 예수를 주시라 할 수 없다"고 하였습니다. 우리는 예수님을 주님으로 영접하는 순간 성령을 받았고 성령으로 말미암아 예수님을 주님이라 하는 것입니다. 문제는 성령은 받았지만 충만하지 않다는 것입니다. 성령으로 충만함을 받아야 합니다(엡 5:18). 그래야 성령의 권능을 받고 예수 그리스도의 신실한 증인이 될 수 있는 것입니다. 부활 승천의 첫 번째 비밀은 성령이 오심을 약속하신 것입니다. 오늘날에는 성령이 이미 오셨으니 열심히 기도하고 예배하며 성령으로 충만해야 합니다.

복음 전파의 사명을 주셨습니다

오직 성령이 너희에게 임하시면 너희가 권능을 받고 예루살렘과 온 유대와 사마리아와 땅 끝까지 이르러 내 증인이 되리라 하시니라(행 1:8)

사도행전 1:6에서 제자들은 예수님이 부활하시고 승천하기 전 마지막 유언을 해야 하는 절체절명의 순간에도 "주께서 이스라엘 나라를 회복하심이 이 때니이까"라고 질문합니다. 예수님은 '하나님 나라'의 일을 말씀하시고자 하는데 제자들은 '이스라엘 나라'에 더 관심이 많습니다. 이스라엘이 로마에서 언제 해방되어 독립하느냐고 묻는 것입니다. 예수님께서 제자들을 3년간 가르치시고 부활해서도 40일간 나타나셔서 증언하였음에도 제자들은 육적인 문제에서 벗어나지 못했습니다. 7절에서 "때와 시기는 아버지께서 자기의 권한에 두셨으니 너희가 알 바 아니라"고 답해주셨습니다. 이스라엘의 회복 시기나 종말의 문제와 같은 것은 하나님의 고유 권한이므로 우리 인간이 알 바 아니라는 것입니다(신 29:29a).

8절에서 예수님은 하나님의 영역인 때와 시기 대신에 제자들에게 마지막 유언으로 복음전파의 사명을 주셨습니다. 예수 그리스도의 증인이 되기 위해 ① 성령이 임하면 ② 권능을 받고 ③ 예루살렘과 땅 끝까지 이르러야 한다는 것입니다. 사도행전은 성령으로 말미암아 복음이 예루살렘과(1-7장), 온 유대와 사마리아(8-12장), 그리고 땅 끝(13-28장)까지 전파되는 과정을 보여줍니다. 부활 승천의 두 번째 비밀은 예수님의 증인이 되라는 복음 전파의 사명을 주신 것입니다. 예수님이 부활 승천하시므로 이제부터 제자들은(우리 성도들은) 성령을 힘입어 예수 그리스도의 증인이 되어야 합니다.

공중 재림의 소망을 주셨습니다

이 말씀을 마치시고 그들이 보는데 올려져 가시니 구름이 그를 가리어 보이지 않게 하더라(행 1:9)

> 예수께서 그들을 데리고 베다니 앞까지 나가사 손을 들어 그들에게 축복하시더니 축복하실 때에 그들을 떠나 하늘로 올려지시니 그들이 그에게 경배하고 큰 기쁨으로 예루살렘에 돌아가 늘 성전에서 하나님을 찬송하니라 (눅 24:50-53)

사도행전 1:9에서 예수님은 제자들이 보는데 올려져 가시므로 공개적으로 승천하셨습니다. 예수님은 우주의 한 공간으로 가신 것이 아니라 지상에서 '하나님 나라'로 가신 것입니다. 바울은 셋째 하늘*(고후 12:2)이라 했습니다. 누가복음 24:50-53에 자세히 나오는데 예수님이 제자들을 데리고 베다니 앞까지 가서 손을 들어 축복하셨고 제자들을 떠나(보는 데서) 하늘로 올려지셨으며 제자들은 예수님께 경배하고 하나님을 찬양했습니다.

> 이르되 갈릴리 사람들아 어찌하여 서서 하늘을 쳐다보느냐 너희 가운데서 하늘로 올려지신 이 예수는 하늘로 가심을 본 그대로 오시리라 하였느니라 (행 1:11)

> 예수께서 이르시되 **내가 그니라 인자가 권능자의 우편에 앉은 것과 하늘 구름을 타고 오는 것을 너희가 보리라** 하시니
> (막 14:62)

---

*유대인들은 대기권을 첫째 하늘, 별이 있는 광활한 천체를 둘째 하늘 그리고 하나님이 계시는 하늘을 셋째 하늘이라고 여겼다.

사도행전 1:11에서 천사들이 제자들에게 "갈릴리 사람들아 어찌하여 서서 하늘을 쳐다보느냐 하늘로 가심을 본 그대로 오시리라"라고 하였습니다. 제자들은 가룟(유대 남부) 유다 외에 전부 갈릴리 사람들이었습니다. 천사들이 책망한 이유는 땅에 대한 복음 전파의 사명을 잊고 이적 현상에 마음이 뺏겨 있는 제자들에 대한 경계요, 깨우침 때문입니다. 우리의 소망은 하늘에 있지만, 우리의 사명은 땅에 있는 것입니다. "하늘로 가심을 본 그대로 (다시) 오시리라"는 사실은 예수님의 재림이 하늘로부터 구름 타고 사람들이 볼 수 있게 공개적으로 온다는 것입니다. 예수님께서도 "인자가 권능자의 우편에 앉은 것과 하늘 구름을 타고 오는 것을 너희가 보리라"(막 14:62)고 말씀하셨습니다.

> 주께서 호령과 천사장의 소리와 하나님의 나팔 소리로 친히 하늘로부터 강림하시리니 그리스도 안에서 죽은 자들이 먼저 일어나고 그 후에 우리 살아 남은 자들도 그들과 함께 구름 속으로 끌어 올려 공중에서 주를 영접하게 하시리니 그리하여 우리가 항상 주와 함께 있으리라(살전 4:16-17)

데살로니가전서 4:16-17에서 공중 재림에 관해 서술하고 있습니다. 예수님께서 재림하실 때 호령과 천사장의 소리와 하나님의 나팔 소리가 들린다는 것은 하나님의 현현(출 40:34)을 나타냅니다. 그리스도의 오심은 하나님의 오심입니다. 이때 그리스도 안에서 죽은 자들이 먼저 일어나고 부활한 자들과 살아남은 자들은 함께 구름 속으로 끌어 올려지게 됩니다. 그들이 공중으로 끌어 올려지는 것은 그리스도를 만나기 위함입니다. 결국에는 그리스도께서 모든 성도와 함께 이 땅에 재림하실 것입니다. 우리 성도들은 그리스도와 더불어 천 년 동안(천년왕국) 왕 노릇 할 것입니다(계 20:4). 부활 승천의 세 번째 비밀은 공중 재림의 소망을 주신 것입니다. 예수님은 승천하신 그대로 재림하실 것입니다. 세상 끝날 예수님께서 재림하실 때 공중으로 끌어 올려져 주님을 영접하려면 깨어 기도해야 합니다.

부활 승천하신 비밀은

예수님이 부활 승천하신 비밀(의미)은 성령이 오심을 약속하신 것입니다. 내 증인이 되라는 복음 전파의 사명을 주신 것입니다. 공중 재림의 소망을 주신 것입니다. 우리는 성령 충만하여 복음 전파의 사명을 수행하고 세상 끝날 공중 재림의 소망을 가지는 성도들이 되기를 예수 그리스도의 이름으로 축복합니다.

그리스도의 오심은 하나님의 오심입니다.
이때 그리스도 안에서 죽은 자들이 먼저 일어나고
부활한 자들과 살아남은 자들은
함께 구름 속으로 끌어 올려지게 됩니다.

성지 순례를 따라
성지에서 선포된 예수님의 일생

예수님 탄생부터 부활 승천까지
성지 순례에서 감동받은 20편의 설교

초판 1쇄 인쇄 2022년 4월 30일

지은이 방인상
감 수 윤기영
발행인 김용성
기획·편집 출판사역팀
디자인 이순열
제 작 이인애
보 급 정준용 이대성 박준호

펴낸곳 요단출판사
등 록 1973.8.23. 제13-10호
주 소 07238 서울특별시 영등포구 국회대로 76길 10
기 획 (02)2643-9155
보 급 (02)2643-7290 Fax(02)2643-1877
   요단기독교서적 교회용품센터 (02)593-8715~8
   대전침례회서관 (042)256-2109

값 15,000원
ISBN 978-89-350-1945-8 03230

ⓒ 2022. 방인상 All rights reserved

이 책의 저작권은 저자에게 있고, 출판권은 요단출판사에 있습니다.
저자와 출판사의 사전 승인 없이 책의 내용이나 표지 등을 복제, 인용할 수 없습니다.